LOW CARB

Backen für Weihnachten

Wichtiger Hinweis

Alle Angaben, Ratschläge und Tipps in diesem Buch wurden nach dem aktuellen Wissensstand sorgfältig erarbeitet. Dennoch erfolgen alle Angaben ohne Gewähr. Verlag und Autoren haften nicht für eventuelle Nachteile und Schäden, die aus den im Buch gemachten praktischen Hinweisen resultieren. Die in diesem Buch enthaltenen Ratschläge ersetzen nicht die Untersuchung und Betreuung durch einen Arzt.

Backofentemperaturen

Die Backofentemperaturen in diesem Buch beziehen sich auf einen Elektroherd mit Ober- und Unterhitze. Falls Sie mit Umluft arbeiten, reduziert sich die Temperatur um 20 °C. Soweit nicht anders angegeben, werden die Teige auf der mittleren Einschubleiste gebacken.

Abkürzungen

cl = Zentiliter
E = Eiweiß
El = Esslöffel
F = Fett
g = Gramm
kcal = Kilokalorien
kg = Kilogramm
KH = Kohlenhydrate
kJ = Kilojoule
l = Liter
ml = Milliliter
Msp. = Messerspitze
P. = Päckchen
TK = Tiefkühlprodukt
Tl = Teelöffel

Bildnachweis

Rezeptfotos: TLC Fotostudio
Schmuckfotos Einleitung: S. 9 © WavebreakMediaMicro – Fotolia.com; S. 13 (v. li. n. re.) © schmaelterphoto – Fotolia.com, © S.Kobold – Fotolia.com, © Pixxs – Fotolia.com; S. 14 (v. li. n. re.) © Denira – Fotolia.com, © anna_shepulova – Fotolia.com
Schmuckillustrationen: S. 13 (Tasse), 26, 30, 46, 53, 61, 62, 70, 77, 84, 87, 94, 102, 109 (Geschenk), 113 und 116: © qilli – Fotolia.com; alle Übrigen © Marina Zlochin – Fotolia.com
Zierrahmen und Bordüren: © LenLis – Fotolia.com und © Veronika Rumko – Fotolia.com

Rezepte

S. 33, 36, 50, 55, 67, 76 und 81: Anne Peters
Alle Übrigen: Nina Engels

LOW CARB

Backen für Weihnachten

INHALTSVERZEICHNIS

EINLEITUNG

So geht's!

SCHLANK
durch die Weihnachtszeit

Weihnachtszeit ist Backzeit! Allein der Duft von Plätzchen, Lebkuchen, Stollen & Co. weckt die schönsten Kindheitserinnerungen und macht die Weihnachtsstimmung perfekt. Leider machen sich die himmlischen Verführer aber allzu rasch in Form von Hüftgold auf der Waage bemerkbar. Hier schaffen wir Abhilfe! Egal ob heiß geliebte Plätzchenklassiker, raffinierte Trend-Kekse, zauberhaftes Kleingebäck oder verführerische Rezepte für festliche Kuchen und Torten für die weihnachtliche Kaffeetafel: Bei unseren verführerischen Backrezepten mit wenig Kohlenhydraten kommen nur Low-Carb-taugliche Zutaten zum Einsatz. So können Sie ohne Reue zugreifen und halten auch in der Weihnachtszeit spielend leicht Ihr Wunschgewicht! Damit dies auch gelingt, geben wir Ihnen im Folgenden noch ein paar nützliche Informationen an die Hand.

Wunderwaffe Low Carb

Low Carb ist in aller Munde. Kein Wunder – nie war Abnehmen so einfach und so lecker! Doch was verbirgt sich eigentlich hinter dem beliebten Ernährungstrend und warum purzeln mit Low Carb so effektiv die Pfunde? Der Begriff „Low Carb" stammt aus dem Englischen. „Carb" steht für „Carbohydrates" und bedeutet „Kohlenhydrate". Low Carb heißt also nichts anderes als „wenig Kohlenhydrate".

Kohlenhydrate sind für den Körper eine wichtige Energiequelle. Doch Kohlenhydrate sind nicht gleich Kohlenhydrate. Kurzkettige Kohlenhydrate, wie aus Zucker und Weißmehl, werden vom Körper rasch zersetzt, der Blutzuckerspiegel rast in die Höhe und sinkt danach rapide in den Keller. Die Folge: Heißhunger! Ein Teufelskreis entsteht: Diese Kohlenhydrate steigern das Verlangen nach „immer mehr" und begünstigen dadurch Übergewicht mit seinen Begleit- und Folgeerkrankungen wie Diabetes mellitus, Bluthochdruck und Herz-Kreislauf-Beschwerden.

Kurzkettige Kohlenhydrate führen zudem dazu, dass die Bauchspeicheldrüse verstärkt das körpereigene Hormon Insulin ausschüttet, um den Zuckeranteil im Normbereich zu halten. Das Problem: Sobald sich Insulin im Blut befindet, wird kein Fett mehr abgebaut, da die bevorzugte Energieform des Körpers Zucker ist. Ist der Zucker aus dem Blut verschwunden, greift der Körper auf die Zuckerdepots in Form von Glykogen in Muskeln und der Leber zurück. Und erst, wenn auch diese Vorräte erschöpft sind, greift der Körper die Fettdepots an. Denn es ist für den Körper sehr mühsam Fett so umzubauen, dass er dieses als Energie für sich nutzen kann. Deshalb gilt: Solange Insulin im Blut verfügbar ist, kann Mensch machen was er will, die Fettreserven sind blockiert. Je mehr Kohlenhydrate verspeist werden, desto schwieriger ist es, die Rettungsringe wieder loszuwerden. Schon ein Glas Apfelschorle am Nachmittag nach dem Joggen reicht, um der Fettverbrennung einen Riegel vorzuschieben. Denn sobald sich Zucker im Blut befindet und Insulin ausgeschüttet wird, ist Schluss mit der Fettverbrennung – egal, wie schweißtreibend und anstrengend der Lauf zuvor war.

Langkettige Kohlenhydrate hingegen, wie sie in Ballaststoffen oder resistenter Stärke enthalten sind, können vom Körper nicht so schnell zersetzt werden. Sie werden erst nach und nach durch die Verdauungsenzyme abgebaut und freigesetzt – so bleibt der Blutzuckerspiegel von hohen Schwankungen verschont und Sie bleiben zudem länger satt. Die Aufnahme dieser Kohlenhydrate ist also unbedingt zu empfehlen. Denn eines sollten Sie bedenken: Ganz ohne Kohlenhydrate kann man zwar eine Zeit lang leben, aber auf Dauer nicht gesund bleiben. Der absolute Verzicht auf Obst, Gemüse, Getreide und Co. geht mit einem starken Nährstoffmangel einher und die Risiken für Herz-Kreislauf-Erkrankungen steigen. Außerdem kann eine solch strikte Variante kaum jemand dauerhaft durchhalten. Aus gesundheitlichen- sowie motivatorischen Gründen ist es daher nicht zu empfehlen, gänzlich auf Kohlenhydrate zu verzichten.

Low-Carb-Gebäck

Ein Kuchen, gebacken ohne Weizenmehl und Zucker, das klingt erst einmal ein bisschen paradox. Schließlich haben wir seit unserer Kindheit gelernt, dass „Zucker und Salz, Milch und Mehl" zu den sieben Sachen gehören, die einen Kuchen ausmachen. Doch solche Kuchen sind wahre Bomben an Kohlenhydraten und daher für eine Low-Carb-Ernährung nicht geeignet. Das bedeutet aber nicht, dass Low-Carb-Anhänger auf Kuchen und Plätzchen komplett verzichten müssen, denn kohlenhydratreiches Weizenmehl und Zucker lassen sich durch kohlenhydratärmere Zutaten austauschen. So dürfen Sie sich ab und zu mal mit gutem Gewissen ein paar Plätzchen oder ein Stückchen Kuchen schmecken lassen.

Es gibt eine Reihe von Süßungsmitteln, Nuss- und Samenmehle sowie ein paar Bindemittel, die das gute Gelingen von Low-Carb-Gebäck sichern. Wir stellen Ihnen im Folgenden die wichtigsten Zutaten vor.

Zuckerersatz

Der herkömmliche Haushaltszucker (Rüben- oder raffinierter Rohrzucker) besteht zu 100 Prozent aus Kohlenhydraten. Er ist bei Low Carb also definitiv tabu. Andere Süßungsmittel wie Honig, Agavendicksaft oder Ahornsirup haben einen geringeren Kohlenhydratgehalt – zwischen bis zu 84 g pro 100 g Honig und ca. 65 g pro 100 g Ahornsirup. Aber auch das sind in der Regel zu viele Kohlenhydrate für eine Low-Carb-Ernährung. Dennoch muss niemand auf Süßes verzichten: Es gibt unterschiedliche Süßungsmittel und Zuckeraustauschstoffe, mit denen man Low-Carb-Gebäck süßen kann (vgl. Abschnitt „Nährwertangaben").

Erythrit

Erythrit ist ein Zuckeraustauschstoff, ein natürlicher Zuckeralkohol, der in den Pflanzenfasern verschiedener Gemüse- und Obstsorten wie Tomaten, Erdbeeren und Pflaumen vorkommt. Für die Lebensmittelindustrie wird dieser Zuckeralkohol durch die mikrobielle Umwandlung von Kohlenhydraten mittels osmophiler Pilze gewonnen. Erythrit ist wie Zucker gekörnt, hat das gleiche Volumen wie dieser und besitzt etwa 70 Prozent seiner Süßkraft. Allerdings ist Erythrit schlechter lösbar als Zucker, weshalb Teige mit Erythrit länger gerührt werden müssen und gegebenenfalls einzelne Kristalle im Kuchen ungelöst zurückbleiben. Besser lösbar ist Erythrit in Puderform (siehe Tipp S. 11).

Erythrit hat keinen Nachgeschmack, hinterlässt aber ein leicht kühlendes, metallisches Gefühl auf der Zunge. Im Vergleich zu anderen Zuckeralkoholen ist der für den menschlichen Körper kohlenhydratfrei verstoffwechselte und nahezu kalorienarme Erythrit am besten verdaulich. Weil er zu 90 Prozent bereits im Dünndarm aufgenommen wird, kommt es sehr selten zu Nebenwirkungen wie Durchfall und Blähungen.

Birkenzucker (Xylit)

Auch Xylit ist ein Zuckeralkohol, im besten Fall gewonnen aus Birken- oder Buchenholz, denn dann ist seine Qualität am höchsten. Da Xylit hinsichtlich Volumen und Süßkraft die gleichen Eigenschaften wie normaler Haushaltszucker hat, kann Zucker im Verhältnis 1:1 durch Xylit ersetzt werden. Auch Xylit hinterlässt ein kühlendes Gefühl auf der Zunge. Da er erst im Dickdarm verarbeitet wird, kann der Verzehr größerer Mengen zu Durchfall und Blähungen führen. Man sollte sich daher nur allmählich an Xylit gewöhnen, ihn bspw. zunächst mit normalem Zucker oder mit Erythrit mischen. Wie Erythrit gehört Xylit zu den Kohlenhydraten, die der menschliche Körper insulinunabhängig abbaut und nicht auf direktem Weg zu Glucose verstoffwechselt, wobei Xylit deutlich mehr Kalorien als Erythrit besitzt.

Stevia

Steviapulver ist ein weißes oder grünliches Pulver, das aus den Blättern der Pflanze Stevia rebaudiana, auch „Süßkraut" genannt, gewonnen wird. Seine Süßkraft ist um ein Vielfaches höher als die von Zucker, bis zu 450-fach, daher wird es häufig mit Zusatzmitteln gestreckt, um wie Zucker Verwendung zu finden. Doch Vorsicht: Häufig wird Stevia mit Maltodextrin versetzt – einem Kohlenhydratgemisch. Sie müssen also sehr genau auf die Zutatenliste schauen, um zu sehen, was neben Stevia noch enthalten ist, damit es wie Zucker als kristalline Streusüße eingesetzt werden kann. In Reinform ist es dagegen nicht zum Backen geeignet, weil es durch die enorme Süßkraft nur in minimalen Dosen verwendet werden kann. Dem Teig fehlt somit das Volumen des Zuckers. Auch ist Stevia nicht frei von Nebengeschmack. Es eignet sich aber gut zum Nachsüßen von Teigen. Wenn ein Teig dem eigenen Geschmack nach nicht süß genug ist, kann eine Prise Steviapulver abhelfen.

TIPP

In diesem Buch werden zum Süßen ausschließlich Erythrit und Xylit verwendet, da sie sich am einfachsten dosieren lassen. Es empfiehlt sich auf jeden Fall, sich langsam an beide Zuckeraustauschstoffe zu gewöhnen und die Kuchen – auch wenn sie kohlenhydrat- und kalorienarm sind – nicht in zu großen Mengen zu essen.
In den Rezepten verwenden wir die beiden Zuckeraustauschstoffe vorwiegend in der Puderform, da sie generell weniger gut lösbar sind als Zucker. Puder-Birkenzucker bzw. Puder-Erythrit erhalten Sie in gut sortierten Reformhäusern oder bei entsprechenden Anbietern im Internet. Alternativ können Sie auch auf normalen Birkenzucker bzw. Erythrit zurückgreifen und diese selber mahlen.

Mehlersatz

Zucker beim Low-Carb-Backen zu ersetzen ist relativ einfach, Mehl auszutauschen ist schon etwas schwieriger. Den bei Low Carb verwendeten Nuss- oder Samenmehlen fehlt nämlich das Klebereiweiß, das Gluten, das einem Teig mit Weizenmehl die Bindung verleiht. Generell kann das Klebereiweiß in Form von Gluten-Pulver dazugegeben werden – dies gilt jedoch nicht für an Zöliakie erkrankte Menschen, also für Menschen, die an einer Glutenunverträglichkeit leiden. Die Teigbindung lässt sich jedoch auch anders – etwa mittels Eiern, Guarkernmehl oder Johannisbrotkernmehl – erreichen (siehe Abschnitt „Bindemittel").

Je nach Hersteller variieren die Eigenschaften der Nuss- und Samenmehle etwas. Das liegt beispielsweise daran, wie stark ein Mehl entölt ist, ob es mit oder ohne Samenhäutchen verarbeitet wurde etc. Das Backergebnis kann dadurch unter Umständen leicht beeinflusst werden.

Kokosmehl

Kokosmehl ist eines der wichtigsten Mehle beim Low-Carb-Backen. Es bleibt als Rückstand bei der Gewinnung von Kokosöl zurück. Dafür wird frisches Kokosnussfleisch getrocknet und durch Pressen entölt. Der übrig gebliebene Presskuchen wird fein vermahlen und ergibt das Kokosmehl. Kokosmehl ist sehr saugfähig, nimmt also die feuchten Zutaten gut auf und sorgt für einen luftig-lockeren Teig. Es ist äußerst ballaststoffreich und hat nur etwa 9 g Kohlenhydrate pro 100 g. Der leichte Geschmack nach Kokosnuss verleiht dem Kuchen ein feines Aroma.

Mandelmehl

Mandelmehl wird aus dem entölten Presskuchen süßer Mandeln hergestellt, entweder mit oder ohne Samenhäutchen, dementsprechend ist das Mehl dunkel oder hell. Beide können gleichwertig im Teig verarbeitet werden. Auch Mandelmehl nimmt viel Flüssigkeit auf, jedoch nicht so viel wie Kokosmehl.

Mandelmehl ist nicht gleichzusetzen mit gemahlenen Mandeln. Letztere sind lediglich gemahlen und enthalten noch ihr gesamtes Öl. Dadurch saugen sie kaum Flüssigkeit auf. Mandelmehl kann also nicht einfach durch gemahlene Mandeln ersetzt werden. Mandelmehl enthält etwa 4 g Kohlenhydrate pro 100 g. Der Geschmack von Mandelmehl ist schwach marzipanähnlich; es passt daher hervorragend zu süßem Gebäck.

Haselnussmehl

Die Herstellung von Haselnussmehl entspricht der von Mandelmehl. Haselnussmehl ist fettarm und glutenfrei, enthält viele wertvolle Eiweiße und Ballaststoffe. Das aromatische Mehl verleiht Gebäck einen nussigen Geschmack. Es enthält etwa 12 g Kohlenhydrate pro 100 g.

Andere Nuss- und Samenmehle

Neben den genannten Mehlen gibt es eine Vielzahl weiterer Mehle, die sich für die Low-Carb-Ernährung eignen, z. B. Macadamianuss-, Süßlupinen-, Soja-, Leinsamen-, Hanf- oder Chiamehl. Da diese Mehle unterschiedlich stark quellen, können Sie nicht ohne Weiteres gegeneinander ausgetauscht werden. Hier hilft nur Ausprobieren!

Bindemittel

Um das Fehlen des Klebereiweißes von Nussmehlen auszugleichen, können zur Bindung verschiedene Bindemittel eingesetzt werden.

Johannisbrotkernmehl

Johannisbrotkerne sind die Samen des Johannisbrotbaums, einem Hülsenfrüchtler, der vor allem rund um das Mittelmeer und in Vorderasien beheimatet ist. Die gemahlenen Kerne ergeben ein cremefarbenes Mehl, das hauptsächlich aus Polysacchariden, etwas Protein und einigen Mineralstoffen besteht. Diese Mehrfachzucker können vom menschlichen Körper nur teilweise verstoffwechselt werden und werden daher der Kategorie der Ballaststoffe zugeordnet.

Johannisbrotkernmehl kann zwischen dem 80- und 100-fachen seines Eigengewichts an Flüssigkeit binden, deutlich mehr als Speisestärke. Dadurch sorgt es für eine gute Bindung der Zutaten in einem Teig. Wer beim Backen damit experimentiert, sollte sparsam mit dem Mehl umgehen und sich sehr langsam an die benötigte Menge herantasten. Neben der hohen Bindefähigkeit sagt man Johannisbrotkernmehl eine positive Wirkung auf den Cholesterin- und Blutzuckerspiegel nach.

Guarkernmehl

Auch das Guarkernmehl ist das gemahlene Produkt einer Hülsenfrucht, der Guarbohne. Das Mehl hat noch etwas bessere Bindeeigenschaften als Johannisbrotkernmehl, allerdings nicht dessen gesundheitsfördernde Eigenschaften. Es ist außerdem nur eingeschränkt zugelassen. In Einzelfällen kann es Allergien auslösen, in größeren Mengen verzehrt kann es zu Blähungen und Bauchkrämpfen führen. Guarkernmehl kann problemlos durch Johannisbrotkernmehl ersetzt werden und umgekehrt.

Pfeilwurzmehl

Das Pfeilwurzmehl ist ein weißes Stärkemehl, das aus den Wurzeln der tropischen Pfeilwurzpflanze gewonnen wird. Es ist glutenfrei, leicht verdaulich und reich an Ballaststoffen. Das Mehl kann vielseitig eingesetzt werden, da es nahezu geschmacksneutral ist.

Schokolade

In Reformhäusern und bei entsprechenden Anbietern im Internet findet man inzwischen eine große Auswahl an kohlenhydratarmen Schokoladen. Durch die Verwendung von Zuckerersatzstoffen ist diese nicht nur kohlenhydratreduziert, sondern auch weniger kalorienreich als normale Schokolade. Wenn Sie herkömmliche Schokolade bevorzugen, greifen Sie zu dunkler Schokolade, denn je höher der Kakaoanteil ist, desto niedriger ist in der Regel der Zuckergehalt und damit die Kohlenhydratmenge.

Backtipps

Das Backen mit Low-Carb-Zutaten entspricht im Großen und Ganzen dem des konventionellen Backens – das Resultat jedoch nicht ganz. Die Teige sind in der Regel weicher als die mit Mehl gebackenen, der gebackene Kuchen fluffiger und lockerer als der aus Mehl. Zum Backen sollten Sie daher eher keine tiefen Formen, die sich nicht an den Seiten öffnen lassen, verwenden (wie etwa Gugelhupfformen), da die zarten Kuchen beim Stürzen leicht brechen. Bei Verwendung solcher Formen sollten Sie die Form unbedingt gut einfetten und den Kuchen vor dem Stürzen etwas in der Form abkühlen lassen.

Bei Ausstechplätzchen muss der Teig sehr kalt sein. Er sollte daher vor der Verwendung etwa 2 Stunden im Kühlschrank kalt gestellt werden. Nehmen Sie den Teig dann portionsweise zum Ausstechen aus dem Kühlschrank und belassen Sie den restlichen Teig währenddessen abgedeckt im Kühlschrank. Geben Sie das Blech mit den Plätzchen dann sofort in den vorgeheizten Backofen. Wenn Sie mehrere Bleche backen, stellen Sie das zweite Blech mit den ausgestochenen Plätzchen während der Backzeit des ersten Blechs im Kühlschrank kalt.

Nährwertangaben

Zum Schluss noch ein Hinweis zu den im Buch aufgeführten Nährwertangaben: Inwieweit die Kohlenhydrate der Zuckerersatzstoffe Erythrit und Birkenzucker (Xylit) vollständig, teilweise oder gar nicht angerechnet werden müssen, ist ein vieldiskutiertes Thema in der Low-Carb-Szene, bei dem sich die Geister scheiden. Wir haben uns in diesem Buch dazu entschieden, die beiden Ersatzstoffe bei der Berechnung der Kohlenhydratmenge nicht direkt zu berücksichtigen. Der Grund: Laut diverser Studien wird Erythrit gar nicht, Xylit nur wenig insulinabhängig verstoffwechselt. Der Blutzuckerspiegel bleibt daher nahezu konstant.

Da Xylit jedoch mit 2 kcal pro 1 g Xylit nicht kalorienfrei ist, haben wir die Xylit-Menge in Gramm pro Stück zusätzlich ausgewiesen. Mit dieser Angabe können Sie bei Bedarf die Gesamtkalorienmenge inklusive Xylit berechnen. Wer die Xylit-Kohlenhydrate auch mit einrechnen möchte, kann diese ebenfalls mithilfe des angegebenen Xylit-Wertes berechnen (1 g Xylit besitzt ca. 1 g Kohlenhydrate). Erythrit beeinflusst den Blutzuckerspiegel nicht und besitzt keine Kalorien – dieser Ersatzstoff wurde daher bei der Berechnung nicht berücksichtigt.

Nun aber genug der Theorie! Wir wünschen Ihnen viel Freude mit unseren Rezepten und eine schöne Weihnachtszeit!

PLÄTZCHEN & KEKSE

Die kleinen Stars der Weihnachtsbäckerei

Vanille-
SPRITZGEBÄCK

FÜR CA. 50 STÜCK

Für den Teig:
100 ml Sahne
100 g Puder-Birkenzucker
Mark von 1 Vanilleschote
1 Prise Salz
100 g Mandelmehl
1 El Gluten-Pulver
1 Tl Backpulver
100 g gemahlene Mandeln
100 g weiche Butter
2 Eigelb

Für die Verzierung:
100 g dunkle Schokolade (90 % Kakaoanteil oder Low-Carb-Schokolade)
2 Tl Kokosöl

Zubereitungszeit:
ca. 40 Minuten
(plus Backzeit und Abkühlzeit)
Pro Stück ca. 65 kcal/274 kJ
1 g E, 6 g F, 1 g KH
(plus 2 g Birkenzucker)

Den Backofen auf 150 °C vorheizen. Zwei Backbleche mit Backpapier auslegen. Sahne mit Puder-Birkenzucker, Vanillemark und Salz verquirlen. Mandelmehl mit Gluten-Pulver, Backpulver und gemahlenen Mandeln vermischen und mit der Butter und dem Eigelb zur Sahne-Mischung geben. Alles zu einem glatten Teig verkneten.

Den Teig in eine Gebäckpresse geben (siehe Tipp) und damit Plätzchen in der gewünschten Form auf die Bleche spritzen. Die Bleche nacheinander ca. 9 Minuten backen, bis die Ränder der Plätzchen ganz zart gebräunt sind (während der Backzeit des ersten Blechs das zweite Blech im Kühlschrank kalt stellen). Die Plätzchen auf dem Blech vollständig auskühlen lassen.

Zum Verzieren die dunkle Schokolade hacken und zusammen mit dem Kokosöl im heißen Wasserbad schmelzen. Die Plätzchen jeweils mit der Unterseite in die Schokolade tauchen, dann mit der Schokoladenseite nach oben auf Backpapier vollständig trocknen lassen. Die restliche Schokolade ggf. noch einmal erhitzen. In einen Gefrierbeutel füllen und unten eine sehr kleine Spitze abschneiden. Die Plätzchen mithilfe des Spritzbeutels nach Belieben mit Schokofäden verzieren.

TIPP

Sie können das Spritzgebäck natürlich auch ganz herkömmlich mit einem Fleischwolf mit Plätzchen-Aufsatz herstellen!

Verführerische KÜRBISKERN-KIPFERL

FÜR CA. 40 STÜCK

100 g Kürbiskerne
1 Vanilleschote
100 g Puder-Birkenzucker
200 g Mandelmehl
1 Tl Weinstein-Backpulver
175 g zimmerwarme Butter
2 Eigelb
Puder-Birkenzucker zum Bestäuben

Zubereitungszeit:
ca. 20 Minuten
(plus Kühlzeit und Backzeit)
Pro Stück ca. 87 kcal/362 kJ
2 g E, 8 g F, 0 g KH
(plus 3 g Birkenzucker)

Die Kürbiskerne im Blitzhacker mahlen. Die Vanilleschote längs aufschneiden, das Mark herausschaben und zusammen mit den Kürbiskernen in einer Schüssel mischen. Puder-Birkenzucker, Mandelmehl und Backpulver unterrühren. Butter und Eigelb hinzugeben und alles zu einem glatten Teig verkneten. Den Teig halbieren. Beide Hälften separat in Folie wickeln und ca. 2 Stunden kalt stellen.

Den Backofen auf 180 °C vorheizen. Ein Backblech mit Backpapier auslegen. Eine Teigportion aus dem Kühlschrank nehmen und daraus Kipferl formen. Dazu mit einem Teelöffel kleine Teigstücke abstechen und diese jeweils mit möglichst kalten Händen zu einer Rolle formen, die an den Enden spitz zuläuft. Die Rollen zu Halbmonden biegen.

Die Kipferl auf dem Backblech verteilen und ca. 10 Minuten backen. Herausnehmen und auf dem Blech abkühlen und fest werden lassen. Mit der zweiten Teighälfte ebenso verfahren. Die ausgekühlten Kipferl mit Puder-Birkenzucker bestäuben.

Weihnachtliche AMARETTI MORBIDI

FÜR CA. 40 STÜCK

225 g gemahlene Mandeln
1 Tl Mandelmehl
½ Tl Zimt
Mark von 1 Vanilleschote
2 Eiweiß
1 Prise Salz
125 g Puder-Erythrit
je 1 Msp. abgeriebene Schale von 1 unbehandelten Zitrone und Orange
4 Tropfen Bittermandel-Aroma
Puder-Erythrit zum Bestäuben

Zubereitungszeit:
ca. 20 Minuten (plus Backzeit)
Pro Stück ca. 35 kcal/147 kJ
2 g E, 3 g F, 0 g KH

Den Backofen auf 130 °C vorheizen. Ein Backblech mit Backpapier auslegen. Gemahlene Mandeln, Mandelmehl, Zimt und Vanillemark vermischen. Eiweiß mit Salz schaumig schlagen. Puder-Erythrit einrieseln lassen und so lange weiterquirlen, bis die Masse seidig glänzt und schöne Spitzen zieht. Zitrusschalen und Bittermandel-Aroma dazugeben. Die Mandel-Mischung hinzugeben und alles zu einem gleichmäßigen Teig vermengen.

Die Masse in einen Spritzbeutel mit Lochtülle füllen und damit Teighäufchen mit etwas Abstand auf das Blech spritzen (falls der Teig zu fest sein sollte, 1–2 Esslöffel warmes Wasser unterrühren).

Die Amaretti ca. 25 Minuten backen, dann auf dem Blech vollständig abkühlen lassen, dabei nach rund 10 Minuten vorsichtig vom Backpapier lösen und umdrehen, damit sie auch von der Unterseite ausdampfen können. Nach Belieben mit Puder-Birkenzucker bestäuben.

Knuspriges SCHWARZ-WEIß-GEBÄCK

FÜR CA. 45 STÜCK

200 g Mandelmehl
100 g gemahlene Mandeln
150 g Puder-Birkenzucker
1 Tl Johannisbrotkernmehl
180 g kalte Butter
1 Ei
3 Tropfen Rum-Aroma
2 El Backkakao

Zubereitungszeit:
ca. 40 Minuten
(plus Kühlzeit und Backzeit)
Pro Stück ca. 81 kcal/340 kJ
2 g E, 7 g F, 1 g KH
(plus 3 g Birkenzucker)

Mandelmehl, gemahlene Mandeln, Puder-Birkenzucker und Johannisbrotkernmehl in einer Schüssel vermischen. Die Butter in Stückchen sowie das Ei hinzugeben und alles zu einem glatten Teig verkneten.

Den Teig in zwei Hälften teilen. Die eine Hälfte mit dem Rum-Aroma verkneten, unter die andere Hälfte das Kakaopulver kneten. Beide Teige zur Kugel rollen und getrennt in Folie gewickelt ca. 2 Stunden kalt stellen.

Die Teige jeweils zwischen zwei Lagen Backpapier ca. 4 mm dick ausrollen und in gleich große Rechtecke à ca. 10 x 20 cm schneiden. Je 1 dunkles und 1 helles Teigrechteck übereinanderlegen, dann von der langen Seite her aufrollen. Die Rollen leicht mit den Händen festdrücken, in Folie wickeln und nochmals 30 Minuten kalt stellen.

Den Backofen auf 160 °C vorheizen. 2 Backbleche mit Backpapier auslegen. Die Rollen in ca. 7 mm dicke Scheiben schneiden und diese auf den Blechen verteilen. Die Bleche nacheinander ca. 10 Minuten backen (während der Backzeit des ersten Blechs das zweite Blech im Kühlschrank kalt stellen). Die Plätzchen auf dem Blech vollständig auskühlen lassen.

Saftige LEBKUCHEN

FÜR CA. 10 STÜCK

Für den Teig:
100 g gemahlene Haselnüsse
100 g gemahlene Mandeln
150 g Puder-Birkenzucker
75 g gehackte Mandeln
½ P. Lebkuchengewürz
1 Msp. Zimt
½ Tl Hirschhornsalz
2 Eier
1 Tl abgeriebene Schale von 1 unbehandelten Orange

Für die Verzierung:
100 g dunkle Schokolade (90 % Kakaoanteil) oder Low-Carb-Schokolade
20 g Kokosöl
Mandelstifte und Cranberrys zum Verzieren

Zubereitungszeit:
ca. 25 Minuten (plus Backzeit)
Pro Stück ca. 287 kcal/1203 kJ
8 g E, 22 g F, 6 g KH
(plus 15 g Birkenzucker)

Den Backofen auf 180 °C vorheizen. Ein Backblech mit Backpapier auslegen. Zuerst alle trockenen Zutaten in eine Schüssel geben und gut verrühren. Dann die Eier und die Orangenschale hinzugeben. Alles mit den Händen zu einem Teig verkneten.

Aus dem Teig ca. 10 Kugeln formen und diese auf dem Blech verteilen. Leicht flach drücken, dann ca. 20 Minuten backen. Herausnehmen und die Lebkuchen auf dem Blech abkühlen lassen.

In der Zwischenzeit die Schokolade hacken und mit dem Kokosöl im heißen Wasserbad unter Rühren zerlassen. Die Lebkuchen damit bepinseln. Solange die Oberfläche noch weich ist, die Lebkuchen nach Belieben mit Mandelstiften und Cranberrys verzieren. Trocknen lassen.

KOKOS-MONDE

mit farbigen Kokosraspeln

FÜR CA. 40 STÜCK

Für den Teig:
200 g Kokosmehl
80 g Puder-Erythrit
4 Eigelb
200 g Butter
75 ml Kokosmilch
1 Tl abgeriebene Schale von 1 unbehandelten Orange

Für die Verzierung:
Kokosraspel zum Bestreuen
Lebensmittelfarbe in Rosa
1 Eiweiß
1 Prise Salz
200 g Puder-Erythrit

Zubereitungszeit:
ca. 30 Minuten (plus Kühlzeit, Backzeit, Abkühlzeit und Zeit zum Trocknen)
Pro Stück ca. 80 kcal/336 kJ
1 g E, 8 g F, 1 g KH

Für den Teig Kokosmehl mit Puder-Erythrit in einer Schüssel vermischen. Die restlichen Teigzutaten hinzugeben und alles zu einem glatten Teig verkneten. Den Teig in zwei Portionen teilen, separat in Folie wickeln und ca. 2 Stunden kalt stellen.

Den Backofen auf 175 °C vorheizen. Ein Backblech mit Backpapier auslegen. Eine Teigportion zwischen zwei Lagen Backpapier ca. 3 mm dick ausrollen. Mit einem Ausstechförmchen Monde ausstechen. Die Monde auf dem Blech verteilen und ca. 10 Minuten backen, bis die Ränder zart gebräunt sind. Herausnehmen und die Plätzchen auf dem Blech abkühlen lassen. Mit der zweiten Teigportion genauso verfahren.

Für die Verzierung die Kokosraspel rosa einfärben. Dazu die Raspel mit etwas Lebensmittelfarbe in eine Schüssel geben und vermischen. Eiweiß mit Salz steif schlagen. Puder-Erythrit hinzugeben und alles gut verquirlen. Die Glasur auf die abgekühlten Plätzchen pinseln und alles üppig mit den eingefärbten Kokosraspeln bestreuen. Trocknen lassen.

WIENER KOLATSCHEN

mit Johannisbeergelee

FÜR CA. 40 STÜCK

Für den Teig:

1 Vanilleschote
80 g Puder-Birkenzucker
1 Prise Salz
150 g weiche Butter
200 g Mandelmehl
1 El Johannisbrotkernmehl

Für Füllung und Verzierung:

2 Eiweiß
150 g gehackte Mandeln
100 g Low-Carb-Johannisbeergelee

Zubereitungszeit:
ca. 25 Minuten
(plus Kühlzeit und Backzeit)
Pro Stück ca. 76 kcal/317 kJ
2 g E, 7 g F, 1 g KH
(plus 2 g Birkenzucker)

Die Vanilleschote längs aufschneiden und das Mark herausschaben. Zusammen mit Puder-Birkenzucker und Salz in eine Schüssel geben. Die Butter hinzufügen und alles cremig quirlen. Mandelmehl und Johannisbrotkernmehl hinzugeben und alles zu einem glatten Teig verkneten. Den Teig in Folie wickeln und für ca. 2 Stunden kalt stellen.

Den Backofen auf 160 °C vorheizen. Ein Backblech mit Backpapier auslegen. Aus dem Teig kleine, nicht ganz walnussgroße Kugeln formen. Die Kugeln mit verquirltem Eiweiß bestreichen und in den gehackten Mandeln rollen, sodass die Kugeln rundum damit bedeckt sind.

Die Kugeln auf dem Backblech verteilen und jeweils in der Mitte mit einem Kochlöffelstiel eine Mulde hineindrücken. Das Johannisbeergelee in einen Spritzbeutel mit kleiner Lochtülle (ca. 3 mm) füllen und das Gelee in die Mulden spritzen. Die Kolatschen ca. 15 Minuten backen.

DOPPELDECKER
mit Frischkäsefüllung

FÜR CA. 35 STÜCK

Für den Teig:
115 g weiche Butter
115 g Puder-Birkenzucker
1 Ei
¼ Tl Salz
270 g Haselnussmehl
3 El Kokosmehl
40 g ungesüßtes Kakaopulver
1 Tl Weinstein-Backpulver
¾ Tl Guarkernmehl

Für die Füllung:
115 g Frischkäse (Doppelrahmstufe)
20 g weiche Butter
ca. 60 g Puder-Birkenzucker
Mark von 1 Vanilleschote

Zubereitungszeit:
ca. 35 Minuten (plus Backzeit)
Pro Stück ca. 117 kcal/489 kJ
2 g E, 11 g F, 1 g KH
(plus 5 g Birkenzucker)

Den Backofen auf 180 °C vorheizen. Ein Backblech mit Backpapier auslegen. Für den Teig die Butter und den Puder-Birkenzucker 2 Minuten auf höchster Stufe verrühren. Ei und Salz einrühren, bis sich die Zutaten vollständig vermischt haben. Alle anderen Teigzutaten dazugeben und verkneten, bis ein elastischer Teig entstanden ist.

Den Teig zwischen zwei Lagen Backpapier ca. 3 mm dick ausrollen und mit einem Glasrand oder einem runden Ausstecher Kreise à 4–5 cm Ø ausstechen und auf dem Backblech verteilen (den restlichen Teig während des Ausstechens immer wieder abgedeckt in den Kühlschrank stellen, damit er nicht zu weich wird). Die Kekse im vorgeheizten Backofen etwa 12 Minuten backen, dann auf einem Kuchengitter vollständig auskühlen lassen.

Für die Füllung alle Zutaten gut verrühren, eventuell nach Geschmack nachsüßen. Jeweils 2 Kekse mit einem Klecks der Füllung zusammensetzen.

TIPP

Matcha ist ein zu feinem Pulver zermahlener japanischer Grüntee.

MATCHA-RAUTEN

FÜR CA. 50 STÜCK

Für den Teig:
300 g gemahlene Mandeln
70 g Mandelmehl
150 g Puder-Birkenzucker
200 g weiche Butter
1 Ei
1 Eigelb

Für die Marzipanfüllung:
175 g fein gemahlene Mandeln
120 g Puder-Birkenzucker
1 El Rosenwasser
5 Tropfen Bittermandel-Aroma

Für die Verzierung:
100 g Puder-Birkenzucker
Matcha-Pulver zum Einfärben
Puder-Birkenzucker zum Bestäuben

Außerdem:
Mandelmehl zum Ausrollen

Zubereitungszeit:
ca. 40 Minuten (plus Kühlzeit, Backzeit und Zeit zum Auskühlen)
Pro Stück ca. 110 kcal/459 kJ
3 g E, 9 g F, 1 g KH
(plus 5 g Birkenzucker)

Alle Teigzutaten in einer Schüssel mischen und zu einem glatten Teig verkneten. Den Teig halbieren. Beide Teigportionen in Folie wickeln und ca. 2 Stunden im Kühlschrank ruhen lassen.

Für die Füllung alle Zutaten in einer Schüssel glatt verkneten. So viel Wasser hinzugeben, bis die Masse formbar ist. Mit Mandelmehl bestäuben und zwischen zwei Lagen Backpapier zu einem Rechteck à ca. 40 x 20 cm ausrollen.

Eine Teigportion aus dem Kühlschrank holen. Mit Mandelmehl bestäuben und zu einem Rechteck à ca. 40 x 20 cm ausrollen. Das Marzipan passgenau auflegen. Die zweite Teigportion ebenfalls mit Mandelmehl bestäuben und zu einem Rechteck à ca. 40 x 20 cm ausrollen. Dann passgenau auf die Marzipanschicht legen. Mit Folie abdecken und für 1 Stunde kalt stellen.

Den Backofen auf 160 °C vorheizen. Zwei Backbleche mit Backpapier auslegen. Aus der Hälfte der Teigplatte ca. 25 kleine Rauten schneiden, die andere Hälfte wieder kalt stellen. Die Rauten auf dem Blech verteilen und ca. 15 Minuten backen. Herausnehmen und auf dem Blech vollständig auskühlen lassen. Mit dem restlichen Teig genauso verfahren.

Für die Verzierung Puder-Birkenzucker mit ca. 10 Tropfen Wasser in einem Topf erhitzen, bis sich eine homogene, sirupartige Masse bildet. Den Guss mit Matcha-Pulver grün einfärben und die ausgekühlten Plätzchen damit bestreichen. Trocknen lassen. Jeweils eine Plätzchenhälfte mit Puder-Birkenzucker bestäuben.

Nussige CRANBERRY-COOKIES

FÜR CA. 6 STÜCK

50 g getrocknete Cranberrys (ohne Zuckerzusatz)
40 g gemahlene Mandeln
40 g gehackte Haselnüsse
ca. 40 g Puder-Erythrit
2 El Sahne
10 g weiche Butter
1 Ei
Mark von ½ Vanilleschote
1 Tl Weinstein-Backpulver
1 Prise Salz

Zubereitungszeit:
ca. 10 Minuten
(plus Ruhezeit und Backzeit)
Pro Stück ca. 145 kcal/606 kJ
4 g E, 11 g F, 7 g KH

Die Cranberrys fein hacken, dann zusammen mit allen anderen Zutaten zu einem cremigen Teig verrühren. Den Teig etwa 2 Stunden im Kühlschrank ruhen lassen.

Den Backofen auf 180 °C vorheizen. Ein Backblech mit Backpapier auslegen. Den Teig mit einem mit Wasser benetzten Esslöffel portionsweise auf das Backpapier geben (dabei ausreichend Platz zwischen den Cookies lassen, denn der Teig verläuft stark) und die Plätzchen ca. 12 Minuten goldgelb backen. Auf einem Kuchengitter auskühlen lassen.

TIPP

Anstelle der getrockneten Cranberrys können Sie auch frische Früchte verwenden. Dazu die Beeren kurz in kochendes Wasser geben, damit die Haut aufplatzt. Dann an der Luft oder im Backofen trocknen.

Zarte

MANDEL-WÖLKCHEN

FÜR CA. 50 STÜCK

2 Eiweiß
1 Prise Salz
100 g Puder-Birkenzucker
Mark von 1 Vanilleschote
150 g gemahlene Mandeln
½ Tl Zimt
1 Msp. gemahlener Kardamom
50 g Mandelstifte
Backkakao zum Bestäuben
nach Belieben

Zubereitungszeit:
ca. 20 Minuten (plus Backzeit)
Pro Stück ca. 19 kcal/78 kJ
1 g E, 1 g F, 0 g KH
(plus 2 g Birkenzucker)

Den Backofen auf 160 °C vorheizen. Ein Backblech mit Backpapier auslegen. Das Eiweiß mit 1 Prise Salz steif schlagen. Den Puder-Birkenzucker einrieseln lassen und weiterquirlen, bis die Masse cremig glänzt und schöne Spitzen zieht. Das Vanillemark dazugeben und unterquirlen.

Die gemahlenen Mandeln mit Zimt und Kardamom verrühren. Die Mandelstifte untermischen. Nun zuerst die Hälfte des Eischnees hinzugeben und unterrühren, dann den restlichen Eischnee.

Mithilfe von zwei Teelöffeln kleine Teig-Nocken abstechen und auf das Backblech setzen. Die Mandel-Wölkchen ca. 18 Minuten backen, dann herausnehmen und auf dem Blech vollständig auskühlen lassen. Nach Belieben mit Kakaopulver bestäuben.

SCHOKO-SPRITZGEBÄCK
mit Espresso

FÜR CA. 50 STÜCK

125 g gemahlene Mandeln
100 g Mandelmehl
20 g Backkakao
1 El Gluten-Pulver
100 g Puder-Birkenzucker
1 Ei
1 Eigelb
100 g weiche Butter
4 El Espresso
5 Tropfen Rum-Aroma

Zubereitungszeit:
ca. 40 Minuten (plus Backzeit)
Pro Stück ca. 52 kcal/216 kJ
2 g E, 4 g F, 0 g KH
(plus 2 g Birkenzucker)

Den Backofen auf 150 °C vorheizen. Zwei Backbleche mit Backpapier auslegen. Die gemahlenen Mandeln mit Mandelmehl, Kakaopulver, Gluten-Pulver und Puder-Birkenzucker mischen. Ei, Eigelb, Butter, Espresso und Rum-Aroma hinzugeben. Alles glatt verkneten.

Den Teig portionsweise durch den gewünschten Plätzchen-Aufsatz eines Fleischwolfes drehen und die Plätzchen auf den Backblechen verteilen.

Die Bleche nacheinander ca. 15 Minuten backen, bis die Ränder der Plätzchen zart gebräunt sind (während der Backzeit des ersten Blechs das zweite Blech im Kühlschrank kalt stellen). Die Plätzchen auf dem Blech vollständig auskühlen lassen.

Himmlische ZIMTSTERNE

FÜR CA. 35 STÜCK

2 Eiweiß
1 Prise Salz
2 Tl Zitronensaft
100 g Puder-Birkenzucker
150 g gemahlene Haselnüsse
100 g gemahlene Mandeln
1 gehäufter Tl Zimt

Zubereitungszeit:
ca. 30 Minuten
(plus Kühlzeit und Backzeit)
Pro Stück ca. 54 kcal/226 kJ
2 g E, 4 g F, 0 g KH
(plus 3 g Birkenzucker)

Eiweiß mit Salz und Zitronensaft steif schlagen. Den Puder-Birkenzucker einrieseln lassen und so lange weiterschlagen, bis die Masse cremig glänzt und schöne Spitzen bildet. 1/3 der Masse abnehmen und abgedeckt im Kühlschrank beiseitestellen. Haselnüsse, Mandeln und Zimt vermischen und mit dem restlichen Eischnee vermengen. Die Masse abgedeckt etwa 45 Minuten kühl stellen.

Den Backofen auf 130 °C Umluft vorheizen. Ein Backblech mit Backpapier auslegen. Die Nuss-Masse zwischen zwei Lagen Backpapier ausrollen und mit einem Stern-Ausstecher Sterne ausstechen (das Ausstechförmchen zwischendurch ggf. säubern, da die Masse sehr klebrig ist). Die Zimtsterne auf dem Backblech verteilen und mit dem beiseitegestellten Eischnee bepinseln. Etwa 18 Minuten backen, dann vollständig auskühlen lassen.

TIPP

Spießen Sie die Zimtsterne auf Holzspieße und verzieren Sie sie mit einem hübschen Bändchen – so werden sie zum echten Hingucker auf der weihnachtlichen Kaffeetafel!

SCHNEEMÄNNER

FÜR CA. 20 STÜCK

Für den Teig:
100 g Mandelmehl
200 g gemahlene Mandeln
150 g Puder-Birkenzucker
150 g weiche Butter
1 Ei
Mark von 1 Vanilleschote

Für die Verzierung:
1 Eiweiß
1 Prise Salz
200 g Puder-Birkenzucker
2 El Zitronensaft
50 g dunkle Schokolade
(90 % Kakaoanteil) oder
Low-Carb-Schokolade

Außerdem:
ca. 20 Pinienkerne für die Nasen
Lebensmittelstift in Rot

Zubereitungszeit:
ca. 40 Minuten
(plus Kühlzeit, Backzeit, Abkühlzeit und Zeit zum Trocknen)
Pro Stück ca. 210 kcal/879 kJ
5 g E, 16 g F, 2 g KH
(plus 17 g Birkenzucker)

Für den Teig Mandelmehl, gemahlene Mandeln und Puder-Birkenzucker in einer Schüssel vermischen. Butter, Ei und Vanillemark hinzugeben. Alle Teigzutaten miteinander verkneten, zur Kugel rollen, in Frischhaltefolie wickeln und mindestens 2 Stunden kalt stellen. Anschließend den Teig zwischen zwei Lagen Backpapier ca. 4 mm dick ausrollen und nochmals etwa 15 Minuten kühl stellen.

Den Backofen auf 160 °C vorheizen. 2 Backbleche mit Backpapier auslegen. Mit einem Schneemann-Ausstechförmchen aus dem Teig Schneemänner ausstechen und auf den Backblechen verteilen (den restlichen Teig während des Ausstechens immer wieder in den Kühlschrank stellen, damit er nicht zu weich wird). Als Nase in jeden Schneemannkopf vorsichtig 1 Pinienkern stecken. Die Bleche nacheinander ca. 10 Minuten backen, bis sich die Ränder der Plätzchen ganz leicht bräunen (während der Backzeit des ersten Blechs das zweite Blech im Kühlschrank kalt stellen). Die Plätzchen auf dem Blech vollständig auskühlen lassen.

Für die Verzierung das Eiweiß mit dem Salz steif schlagen. Puder-Birkenzucker und Zitronensaft hinzugeben und so lange weiterquirlen, bis sich eine dicke Paste ergibt. Die Schneemänner mit der Paste bestreichen, dabei die Zylinder aussparen. Etwas antrocknen lassen. Die Schokolade hacken und im heißen Wasserbad so lange erhitzen, bis sie gerade geschmolzen ist. Mit der Schokolade die Zylinder bepinseln sowie die Augen und die Knöpfe vorsichtig auftupfen. Die Schneemänner ca. 3 Stunden trocknen lassen. Zum Schluss mit dem roten Lebensmittelstift die Münder aufmalen. Erneut trocknen lassen.

WEIHNACHTSKONFEKT

mit gebrannten Mandeln

FÜR CA. 30 STÜCK

150 g Mandeln
100 g Erythrit
2 Tl Butter
1 Msp. Zimt
300 g dunkle Schokolade (90 % Kakaoanteil) oder Low-Carb-Schokolade
150 ml Sahne
2 Tl Lebkuchengewürz
50 g grob gehackte Cashewkerne

Zubereitungszeit:
ca. 40 Minuten (plus Kühlzeit)
Pro Stück ca. 107 kcal/446 kJ
2 g E, 8 g F, 2 g KH
(plus 5 g Birkenzucker)

Die Mandeln in einer Pfanne ohne Fettzugabe rösten, bis sie anfangen zu duften. Herausnehmen und beiseitestellen. Den Erythrit mit 2 Esslöffeln Wasser in die Pfanne geben, unter Rühren schmelzen und 2 Minuten kochen lassen. Vom Herd nehmen. Butter und Zimt unterrühren, dann die Mandeln hinzugeben. Alles verrühren, bis die Mandeln rundum benetzt sind. Die Mandeln auf Backpapier verteilen und erkalten lassen. Anschließend mittelgrob hacken.

Eine kleine, quadratische Auflaufform (ca. 20 x 20 cm) mit Backpapier auslegen. Die dunkle Schokolade hacken, dann mit der Sahne im heißen Wasserbad unter Rühren zerlassen. Das Lebkuchengewürz unterrühren. Dann die gehackten Cashewkerne und die gebrannten Mandeln hinzugeben.

Alles gut vermengen und in der Auflaufform verteilen, sodass die Masse etwa 2 cm hoch ist. Etwas festdrücken und erkalten lassen. Anschließend ca. 1 Stunde in den Kühlschrank stellen. Die erkaltete Masse in Würfel schneiden. Im Kühlschrank aufbewahren.

RUMKUGELN
mit Pistazien

FÜR CA. 40 STÜCK

Für die Trüffelmasse:
80 g weiche Butter
160 g gemahlene Haselnüsse
1 ½ El Backkakao
10 Tropfen Rum-Aroma
½ Tl flüssiger Süßstoff

Für die Verzierung:
150 g gehackte Pistazien

Zubereitungszeit:
ca. 15 Minuten (plus Kühlzeit)
Pro Stück ca. 64 kcal/268 kJ
2 g E, 6 g F, 1 g KH

Alle Zutaten für die Trüffel in einer Schüssel gründlich vermengen, dann die Masse für 2 Stunden kühl stellen.

In der Zwischenzeit die gehackten Pistazien in einer Pfanne ohne Fettzugabe leicht anrösten. In eine Schale füllen und abkühlen lassen.

Aus der Trüffelmasse mit einem Teelöffel kleine Nocken abstechen und möglichst schnell mit kühlen Händen Kugeln daraus formen. Diese in den gehackten Pistazien wenden. Die Rumkugeln kühl aufbewahren.

TIPP
Wenn Sie es süßer mögen, geben Sie etwas mehr Süßstoff hinzu!

CANTUCCINI

mit feiner Zimtnote

FÜR CA. 20 STÜCK

200 g gemahlene Mandeln
2 El Puder-Erythrit
1 Tl Guarkernmehl
1 Tl Zimt
30 g ganze Mandeln
3 Eier
1 Prise Salz

Zubereitungszeit:
ca. 10 Minuten (plus Backzeit)
Pro Stück ca. 80 kcal/337 kJ
4 g E, 7 g F, 1 g KH

Den Backofen auf 200 °C vorheizen. Ein Backblech mit Backpapier auslegen. Gemahlene Mandeln, Puder-Erythrit, Guarkernmehl, Zimt und ganze Mandeln miteinander vermengen. Die Eier und das Salz dazugeben und alles zu einem glatten Teig verkneten.

Den Teig auf dem Backblech zu 2 Teigrollen formen und etwas flach drücken. Die Teigrollen ca. 15 Minuten backen. Aus dem Backofen nehmen, in ca. 1 cm dicke Stücke schneiden und mit der Schnittfläche nach oben weitere 15 Minuten goldbraun-knusprig backen.

TIPP
Wer möchte, ersetzt die ganzen Mandeln durch Pistazien!

ZIMTSCHNECKEN

mit Frischkäse

FÜR CA. 50 STÜCK

Für den Teig:
1 Vanilleschote
250 g Mandelmehl
100 g gemahlene Mandeln
1 El Johannisbrotkernmehl
75 g Puder-Birkenzucker
180 g weiche Butter
120 g Frischkäse
1 Eigelb

Für die Füllung:
125 g Puder-Birkenzucker
2 El Zimt
50 g gemahlene Mandeln
50 g zerlassene Butter zum Bestreichen

Zubereitungszeit:
ca. 20 Minuten
(plus Kühlzeit und Backzeit)
Pro Stück ca. 102 kcal/427 kJ
2 g E, 9 g F, 1 g KH
(plus 4 g Birkenzucker)

Die Vanilleschote längs aufschneiden und das Mark herausschaben. Mandelmehl, gemahlene Mandeln und Johannisbrotkernmehl in einer Schüssel mischen. Den Puder-Birkenzucker hinzugeben. Butter, Frischkäse, Eigelb und Vanillemark hinzugeben. Alles zu einem Teig verkneten. Den Teig vierteln, die Teigportionen separat in Folie wickeln und ca. 2 Stunden kalt stellen.

Für die Füllung Puder-Birkenzucker mit Zimt und gemahlenen Mandeln mischen. Eine Teigportion aus dem Kühlschrank holen und zwischen zwei Lagen Backpapier ca. 3 mm dick rechteckig ausrollen. Die Teigplatte mit etwas zerlassener Butter bestreichen und ¼ der Zimtmischung darauf verteilen. Mithilfe des Backpapiers von der langen Seite her aufrollen. In Folie wickeln und weitere 2 Stunden kalt stellen. Mit den anderen Teigportionen genauso verfahren.

Den Backofen auf 160 °C vorheizen. Ein Backblech mit Backpapier auslegen. Zwei Teigrollen aus dem Kühlschrank nehmen und in ca. 5 mm dicke Scheiben schneiden. Die Schnecken auf dem Backblech verteilen und ca. 10 Minuten backen, bis die Ränder zart gebräunt sind. Herausnehmen und auf dem Blech vollständig abkühlen lassen. Mit den beiden restlichen Teigrollen genauso verfahren.

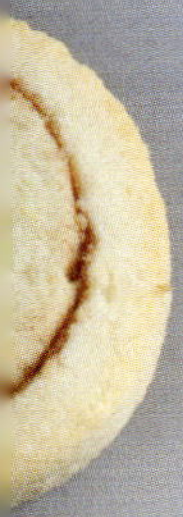

VANILLEKIPFERL
mit Haselnüssen

FÜR CA. 25 STÜCK

80 g weiche Butter
50 g Puder-Birkenzucker
2 Eigelb
Mark von 1 Vanilleschote
100 g Mandelmehl
50 g gemahlene Haselnüsse
½ Tl Weinstein-Backpulver
Puder-Birkenzucker zum Bestäuben

Zubereitungszeit:
ca. 20 Minuten
(plus Ruhezeit und Backzeit)
Pro Stück ca. 71 kcal/299 kJ
2 g E, 7 g F, 0 g KH
(plus 2 g Birkenzucker)

Die Butter mit dem Puder-Birkenzucker verrühren, bis der Zucker gelöst ist. Das Eigelb und das Vanillemark einarbeiten. Mandelmehl, gemahlene Haselnüsse und Backpulver vermischen, zur Eigelbbutter geben und alles zu einem glatten Teig verkneten. Den Teig zu einer Rolle formen und in Folie gewickelt ca. 2 Stunden kalt stellen.

Den Backofen auf 180 °C vorheizen. Ein Backblech mit Backpapier auslegen. Von der Teigrolle etwa 25 walnussgroße Stücke abschneiden und jedes zu einem Halbmond formen.

Die Kipferl auf dem Backblech verteilen und ca. 10 Minuten backen, bis sie durchgebacken und ganz leicht gebräunt sind. Die Kipferl vorsichtig auf ein Kuchengitter legen und auskühlen lassen. Mit Puder-Birkenzucker bestäuben.

PEANUTBUTTER-COOKIES

mit Zimt

FÜR CA. 20 STÜCK

150 g ungesüßte Erdnussbutter (crunchy)
80 g Puder-Erythrit
2 Eier
100 g gemahlene Mandeln
1 Tl Weinstein-Backpulver
1 Msp. Zimt
Backkakao zum Bestäuben nach Belieben

Zubereitungszeit:
ca. 10 Minuten (plus Backzeit)
Pro Stück ca. 81 kcal/339 kJ
4 g E, 7 g F, 2 g KH

Den Backofen auf 180 °C vorheizen. Ein Backblech mit Backpapier auslegen. Die Erdnussbutter mit dem Puder-Erythrit in eine Schüssel geben und schaumig quirlen. Die Eier nacheinander hinzufügen und jeweils ca. 3 Minuten unterrühren. Die gemahlenen Mandeln mit Backpulver und Zimt mischen, zur Eier-Mischung geben und alles gründlich verrühren.

Mithilfe von zwei Teelöffeln Teig-Nocken abstechen und diese auf dem Backblech verteilen. Mit den Teelöffeln leicht andrücken und darauf achten, dass die Cookies eine möglichst runde Form erhalten. Die Cookies jeweils mit einer Gabel quer und längs eindrücken, sodass ein Karomuster entsteht.

Die Cookies ca. 15 Minuten backen, dann herausnehmen und auf dem Blech abkühlen lassen. Nach Belieben leicht mit Kakaopulver bestäuben.

SPITZBUBEN
mit Johannisbeerfüllung

FÜR CA. 16 STÜCK

75 g Mandelmehl
75 g Kokosmehl
1 Tl Weinstein-Backpulver
75 g Puder-Birkenzucker
100 g Butter
1 Ei
150 g Low-Carb-Johannisbeer-marmelade
50 g Puder-Birkenzucker zum Bestäuben

Zubereitungszeit:
ca. 40 Minuten
(plus Kühlzeit, Backzeit, Abkühlzeit und Zeit zum Trocknen)
Pro Stück ca. 142 kcal/594 kJ
1 g E, 2 g F, 11 g KH
(plus 12 g Birkenzucker)

Mandelmehl, Kokosmehl, Backpulver und Puder-Birkenzucker in einer Schüssel vermischen. Die Butter und das Ei hinzugeben und alles zu einem glatten Teig verkneten. Zur Kugel rollen, in Folie wickeln und mindestens 2 Stunden kalt stellen.

Zwei Backbleche mit Backpapier auslegen. Den Teig zwischen zwei Lagen Backpapier ca. 3 mm dick ausrollen. Mit einem Ausstechförmchen mit gewelltem Rand (ca. 5 cm Ø) Plätzchen ausstechen. Bei der Hälfte der Plätzchen jeweils in der Mitte eine kleine Blüte herausstechen. Die Plätzchen auf den Blechen verteilen und für ca. 30 weitere Minuten kalt stellen.

Den Backofen auf 160 °C vorheizen. Die Bleche nacheinander ca. 10 Minuten backen, bis sich die Ränder der Plätzchen ganz leicht bräunen (während der Backzeit des ersten Blechs das zweite Blech im Kühlschrank kalt stellen). Dann herausnehmen und die Plätzchen auf dem Blech vollständig auskühlen lassen.

Die Marmelade glatt rühren und die Plätzchen ohne ausgestochenes Motiv damit bestreichen. Die restlichen Plätzchen mit Puder-Birkenzucker bestäuben, dann vorsichtig auf die mit Marmelade bestrichenen Plätzchen setzen. Etwa 2 Stunden trocknen lassen.

ZEBRA-KEKSE

mit Walnüssen

FÜR CA. 60 STÜCK

230 g weiche Butter
100 g Puder-Birkenzucker
2 Eier
200 g Mandelmehl
50 g Kokosmehl
1 El Guarkernmehl
1 Tl Backpulver
1 Prise Salz
120 ml Sahne
1 Tl abgeriebene Schale von
1 unbehandelten Zitrone
25 g Backkakao
1 Tl Lebkuchengewürz
60 g fein gehackte Walnusskerne

Zubereitungszeit:
ca. 40 Minuten
(plus Kühlzeit und Backzeit)
Pro Stück ca. 75 kcal/315 kJ
1 g E, 7 g F, 0 g KH
(plus 2 g Birkenzucker)

Die Butter mit dem Puder-Birkenzucker schaumig quirlen. Die Eier unterrühren. Mandelmehl, Kokosmehl, Guarkernmehl, Backpulver und Salz vermischen. Zur Butter-Mischung geben und alles zusammen mit 80 ml Sahne zu einem glatten Teig verkneten.

Den Teig halbieren. Unter die eine Hälfte die Zitronenschale kneten, die andere Hälfte mit Kakaopulver, Lebkuchengewürz und der restlichen Sahne verkneten. Beide Teige getrennt in Folie wickeln und ca. 2 Stunden kalt stellen.

Die Teige jeweils zwischen zwei Lagen Backpapier dünn ausrollen und gleich große Rechtecke à ca. 10 x 20 cm ausschneiden. Die Teigplatten im farblichen Wechsel übereinanderlegen, bis insgesamt 6 Teigplatten übereinander liegen, dabei jede Platte mit gehackten Walnüssen bestreuen. Den geschichteten Stapel mit einem Nudelholz leicht flach rollen, sodass alles gut haftet und die Oberfläche eben ist. In Folie wickeln und ca. 1 Stunde kalt stellen.

Den Backofen auf 160 °C vorheizen. Zwei Backbleche mit Backpapier auslegen. Den harten Teig mit einem scharfen und stabilen Messer zuerst längs halbieren, sodass die Teigstränge ca. 5 cm breit sind. Dann jeweils in ca. 1 cm breite Scheiben schneiden. Die Zebra-Kekse auf den Blechen verteilen und nacheinander ca. 15 Minuten backen (während der Backzeit des ersten Blechs das zweite Blech im Kühlschrank kalt stellen). Die Plätzchen auf dem Backpapier vom Blech ziehen und vollständig auskühlen lassen.

Fruchtige

TERRASSENPLÄTZCHEN

FÜR CA. 20 STÜCK

Für den Teig:
2 Vanilleschoten
300 g Mandelmehl
150 g Puder-Birkenzucker
1 Tl Backpulver
1 El Johannisbrotkernmehl
1 Ei
175 g weiche Butter

Außerdem:
200 g Low-Carb-Aprikosen-konfitüre zum Bestreichen
Puder-Birkenzucker zum Bestäuben

Zubereitungszeit:
ca. 40 Minuten
(plus Kühlzeit, Backzeit, Abkühlzeit und Zeit zum Trocknen)
Pro Stück ca. 193 kcal/807 kJ
4 g E, 16 g F, 4 g KH
(plus 8 g Birkenzucker)

Die Vanilleschoten längs aufschneiden und das Mark herausschaben. Mit den restlichen Teigzutaten in einer Schüssel vermischen. Alles glatt verkneten und den Teig ca. 2 Stunden in Folie gewickelt kalt stellen.

Den Backofen auf 160 °C vorheizen. Zwei Backbleche mit Backpapier auslegen. Den Teig zwischen zwei Lagen Backpapier ausrollen. Mit 3 Stern-Ausstechern in unterschiedlichen Größen jeweils gleich viele Sterne ausstechen (den restlichen Teig während des Ausstechens immer wieder abgedeckt in den Kühlschrank stellen, damit er nicht zu weich wird). Die Sterne auf den Blechen verteilen und nochmals 30 Minuten kalt stellen.

Die Bleche nacheinander für ca. 10 Minuten backen (während der Backzeit des ersten Blechs das zweite Blech im Kühlschrank kalt stellen). Herausnehmen und die Plätzchen auf den Blechen vollständig auskühlen lassen.

Die Aprikosenkonfitüre erwärmen, bis sie flüssig ist. Jeweils eine Seite der mittelgroßen Plätzchen mit der Konfitüre bestreichen, dann mit der bestrichenen Seite auf die großen Plätzchen setzen. Die kleinen Plätzchen ebenfalls bestreichen und aufsetzen. Trocknen lassen, dann mit Puder-Birkenzucker bestäuben.

HASELNUSS-KÜSSCHEN

mit Quark

FÜR CA. 30 STÜCK

2 Eiweiß
1 Prise Salz
165 g Puder-Birkenzucker
40 g Quark
165 g gemahlene Haselnüsse
ca. 30 Haselnüsse zum Verzieren

Zubereitungszeit:
ca. 20 Minuten (plus Backzeit und Zeit zum Auskühlen)
Pro Stück ca. 64 kcal/268 kJ
2 g E, 5 g F, 0 g KH
(plus 6 g Birkenzucker)

Den Backofen auf 160 °C vorheizen. Ein Backblech mit Backpapier auslegen. Das Eiweiß mit 1 Prise Salz steif schlagen. Den Puder-Birkenzucker einrieseln lassen und so lange weiterschlagen, bis die Masse seidig glänzt und schöne Spitzen zieht.

Etwas Eischnee mit dem Quark verrühren. Dann diese Mischung unter den restlichen Eischnee rühren. Die gemahlenen Haselnüsse hinzugeben und alles vermengen.

Die Masse in einen Spritzbeutel mit glatter Lochtülle füllen und damit Tupfen auf das Backblech spritzen. Jeweils mittig eine Haselnuss platzieren. Die Haselnuss-Küsschen ca. 20 Minuten backen, dann herausnehmen und auf dem Backblech vollständig auskühlen lassen.

MANDELKEKSE
mit Orange

FÜR CA. 20 STÜCK

1 unbehandelte Orange
70 g Kokosmehl
40 g Mandelmehl
1 Tl Weinstein-Backpulver
½ Tl Zimt
½ Tl Kardamom
200 g Mandelmus
5 El Puder-Erythrit
1 Prise Salz
100 g gemahlene Mandeln

Zubereitungszeit:
ca. 25 Minuten
(plus Kühl- und Backzeit)
Pro Stück ca. 131 kcal/547 kJ
3 g E, 12 g F, 3 g KH

Die Orange heiß waschen und trocken reiben. 1 Teelöffel Schale dünn abreiben und 1 Esslöffel Saft auspressen. Die Mehle mit dem Backpulver und den Gewürzen mischen und in eine Schüssel sieben. Orangenschale und -saft hinzugeben. Mandelmus, Puder-Erythrit und Salz ebenfalls hinzugeben. Alles verkneten und zu einer ca. 3 cm dicken Rolle formen. Die gemahlenen Mandeln auf einem Teller verteilen und die Rolle darin wälzen. Dann in Folie wickeln und ca. 2 Stunden kalt stellen.

Den Backofen auf 180 °C vorheizen. Ein Backblech mit Backpapier auslegen. Die Teigrolle in ca. 0,5 cm dicke Scheiben schneiden, die Scheiben auf dem Backblech verteilen und etwa 10 Minuten goldbraun backen. Herausnehmen und auf dem Blech vollständig auskühlen lassen.

TIPP

Wer mag, gibt noch einen kleinen Schuss Orangenlikör in den Teig.

NUT CUBES

mit Cashewkernen

FÜR CA. 50 STÜCK

Für die Nut Cubes:
60 g Cashewkerne
50 g Walnüsse
75 g Mandelmehl
20 g Kokosmehl
20 g Gluten-Pulver
100 g Puder-Erythrit
125 g kalte Butter
1 Ei
2 Eigelb

Für die Verzierung:
150 g dunkle Schokolade (90 % Kakaoanteil) oder Low-Carb-Schokolade
30 g Kokosöl
essbare Blattgoldsterne

Zubereitungszeit:
ca. 30 Minuten (plus Kühlzeit, Backzeit und Zeit zum Abkühlen)
Pro Stück ca. 71 kcal/296 kJ
2 g E, 6 g F, 2 g KH

Cashewkerne und Walnüsse hacken. Mit Mandelmehl, Kokosmehl, Gluten-Pulver und Puder-Erythrit in eine Schüssel geben und alles vermengen. Die kalte Butter in Würfeln sowie Ei und Eigelb hinzugeben. Alles erst mit den Knethaken des Handrührgerätes vermengen, dann kurz mit den Händen. Den Teig in Folie wickeln und ca. 3 Stunden kalt stellen.

Den Backofen auf 175 °C vorheizen. Den Teig zwischen zwei Lagen Backpapier zügig zu einem Rechteck à ca. 25 x 30 cm ausrollen. Mit dem Backpapier auf das Blech legen, dann die obere Lage Backpapier entfernen. Etwa 20 Minuten backen, bis die Oberfläche zart gebräunt ist, dann herausnehmen und auf dem Blech vollständig auskühlen lassen.

Den Teig mit einem scharfen Messer in kleine Würfel schneiden und diese ca. 30 Minuten kühl stellen. In der Zwischenzeit die Schokolade hacken und mit dem Kokosöl im heißen Wasserbad unter Rühren zerlassen. Die Cubes vorsichtig rundherum mit der Schokolade bepinseln. Solange die Oberfläche noch weich ist, die Cubes nach Belieben mit essbaren Blattgoldsternen verzieren. Trocknen lassen.

ZITRONENPLÄTZCHEN
mit Kokos

FÜR CA. 18 STÜCK

1 unbehandelte Zitrone
150 g Puder-Birkenzucker
200 g gemahlene Mandeln
1 gestrichener Tl Backpulver
1 Tl Johannisbrotkernmehl
50 g Kokosraspel
150 g weiche Butter
2 Eigelb
Kokosraspel zum Bestreuen

Zubereitungszeit:
ca. 20 Minuten
(plus Kühlzeit und Backzeit)
Pro Stück ca. 177 kcal/742 kJ
3 g E, 16 g F, 1 g KH
(plus 8 g Birkenzucker)

Die Zitrone heiß waschen, trocken reiben und 2 Teelöffel Schale fein abreiben. 3 Esslöffel Saft auspressen. 100 g Puder-Birkenzucker mit 1 Teelöffel Zitronenschale und 1 Esslöffel Zitronensaft in eine Schüssel geben und alle weiteren Teigzutaten hinzugeben. Alles gründlich verkneten, dann den Teig in Folie wickeln und ca. 2 Stunden kalt stellen.

Den Backofen auf 160 °C vorheizen. Ein Backblech mit Backpapier auslegen. Aus dem Teig Nocken abstechen, diese zu Kugeln rollen und leicht flach drücken. Die Plätzchen mit etwas Abstand auf dem Blech verteilen und ca. 17 Minuten backen. Herausnehmen und vollständig auskühlen lassen.

Den restlichen Puder-Birkenzucker mit dem restlichen Zitronensaft in einem Topf vermischen und so lange erhitzen, bis sich der Birkenzucker vollständig aufgelöst hat. Die Plätzchen damit bepinseln und mit Kokosraspeln und den restlichen Zitronenzesten bestreuen. Trocknen lassen.

MOHN-SPIRALEN

mit Mandelkruste

FÜR CA. 40 STÜCK

Für den Teig:
150 g Mandelmehl
50 g Kokosmehl
1 El Guarkernmehl
185 g weiche Butter
1 Ei
85 g Puder-Erythrit

Für die Füllung:
1 Vanilleschote
100 ml Sahne
100 g Puder-Erythrit
70 g gemahlener Mohn

Außerdem:
gehackte Mandeln zum Wälzen

Zubereitungszeit:
ca. 30 Minuten
(plus Kühlzeit und Backzeit)
Pro Stück ca. 83 kcal/349 kJ
2 g E, 8 g F, 1 g KH

Mandelmehl, Kokosmehl und Guarkernmehl in einer Schüssel vermischen. Butter, Ei und Puder-Erythrit hinzugeben und alles zu einem glatten Teig verkneten. Zur Kugel rollen, in Frischhaltefolie wickeln und 2 Stunden kalt stellen.

Für die Füllung die Vanilleschote längs aufschneiden und das Mark herausschaben. Die Sahne zusammen mit Vanillemark, Vanilleschote und Puder-Erythrit in einem Topf unter Rühren aufkochen, dann vom Herd ziehen. Die Vanilleschote entfernen, den Mohn unterrühren und alles abkühlen lassen.

Den Backofen auf 160 °C vorheizen. Ein Backblech mit Backpapier auslegen. Den Teig zwischen zwei Lagen Backpapier ca. 7 mm dick zu einem Rechteck à ca. 35 x 10 cm ausrollen. Die Mohnmasse daraufstreichen. Den Teig mithilfe des Backpapiers von der Längsseite aufrollen und die Rolle mit den Händen leicht festdrücken. Die gehackten Mandeln auf die Arbeitsfläche streuen und die Rolle darin wälzen, dann in ca. 7 mm dicke Scheiben schneiden.

Die Mohn-Spiralen auf dem Backblech verteilen und etwa 12 Minuten backen, bis sich die Ränder leicht bräunen. Herausnehmen und auf dem Blech abkühlen lassen.

MANDEL-SCHOKO-HAPPEN

ohne Backen

FÜR CA. 30 STÜCK

200 g Mandelstifte
120 g dunkle Schokolade (90 % Kakaoanteil) oder Low-Carb-Schokolade
2 El Sahne
1 El Kokosfett
1 Msp. Zimt
Mark von 1 Vanilleschote
1–3 El Puder-Birkenzucker nach Belieben
Chia-Samen zum Bestreuen nach Belieben

Zubereitungszeit:
ca. 15 Minuten
Pro Stück ca. 65 kcal/272 kJ
2 g E, 5 g F, 2 g KH

Ein Backblech mit Backpapier auslegen. Die Mandelstifte in einer Pfanne ohne Fettzugabe goldgelb rösten, in eine Schüssel umfüllen und abkühlen lassen.

Die Schokolade hacken, dann mit der Sahne und dem Kokosfett im heißen Wasserbad unter Rühren erhitzen, bis alles flüssig ist. Zimt, Vanillemark und ggf. zum Süßen noch etwas Puder-Birkenzucker unterrühren.

Die gerösteten Mandeln in die Schokolade geben und so lange rühren, bis die Mandeln rundherum mit Schokolade bedeckt sind. Mit zwei Teelöffeln kleine Nocken abstechen und diese auf dem Backblech zu Häufchen formen. Nach Belieben mit Chia-Samen bestreuen. Trocknen lassen.

KNUSPER-COOKIES

mit Datteln

FÜR CA. 12 STÜCK

100 g Haferflocken
20 g Kürbiskerne
20 g Haselnüsse
20 g Mandeln
2 getrocknete Datteln
125 g Erdnussbutter
60 g zerlassene Butter
3 El Puder-Erythrit
Mark von ½ Vanilleschote
¼ Tl Salz

Zubereitungszeit:
ca. 15 Minuten
(plus Ruhezeit und Backzeit)
Pro Stück ca. 153 kcal/641 kJ
5 g E, 11 g F, 9 g KH

Den Backofen auf 160 °C vorheizen. Ein Backblech mit Backpapier auslegen. Die Haferflocken in einer Pfanne ohne Fettzugabe leicht rösten, dann auf einem flachen Teller beiseitestellen. Anschließend die Kerne und Nüsse in der Pfanne rösten, auf einem Teller auskühlen lassen und hacken. Die Datteln entkernen und sehr fein hacken.

Die Erdnussbutter mit zerlassener Butter, Puder-Erythrit, Vanillemark und Salz gut verrühren. Die restlichen Zutaten unterrühren und den Teig 15 Minuten ruhen lassen.

Aus dem Teig mit 2 Teelöffeln kleine Häufchen formen. Auf dem Backblech verteilen und ca. 20 Minuten backen. Vollständig auskühlen lassen.

TIPP

Darauf achten, dass nur ungesalzene und ungesüßte Erdnussbutter verwendet wird.

BUTTERTALER
mit Haselnüssen

FÜR CA. 20 STÜCK

Für den Teig:
150 g Butter
120 g Haselnussmehl
120 g gemahlene Haselnüsse
70 g Puder-Birkenzucker
2 Eigelb
2 Tl abgeriebene Schale von
1 unbehandelten Orange

Für die Verzierung:
1 Eiweiß
gehackte Haselnüsse zum
Bestreuen
Puder-Birkenzucker zum
Bestäuben

Zubereitungszeit:
ca. 15 Minuten (plus Zeit zum Abkühlen, Kühlzeit und Backzeit)
Pro Stück ca. 151 kcal/630 kJ
3 g E, 15 g F, 0 g KH
(plus 4 g Birkenzucker)

Die Butter in einer Pfanne zerlassen und so lange erhitzen, bis sie zart gebräunt ist. Dann vom Herd nehmen und abkühlen lassen. Anschließend mit den restlichen Teigzutaten in einer Schüssel vermischen und alles zügig zu einem glatten Teig verkneten. Den Teig zu einer Rolle à ca. 3 cm Ø formen, in Folie wickeln und ca. 4 Stunden kühl stellen.

Den Backofen auf 160 °C vorheizen. Ein Backblech mit Backpapier auslegen. Die Teigrolle in Scheiben schneiden und diese auf dem Blech verteilen. Das Eiweiß verquirlen, die Plätzchen damit bepinseln und mit gehackten Haselnüssen bestreuen. Die Plätzchen ca. 12 Minuten backen, dann auf dem Blech vollständig auskühlen lassen. Mit Puder-Birkenzucker bestäuben.

Nussige

SCHOKO-COOKIES

FÜR CA. 12 STÜCK

150 g gemahlene Mandeln
40 g zerlassene Butter
40 g Puder-Birkenzucker
1 Ei
Mark von ½ Vanilleschote
50 g dunkle Schokolade
(85 % Kakaoanteil)

Zubereitungszeit:
ca. 20 Minuten (plus Backzeit)
Pro Stück ca. 134 kcal/559 kJ
4 g E, 11 g F, 0 g KH
(plus 6 g Birkenzucker)

Den Backofen auf 150 °C vorheizen. Ein Backblech mit Backpapier auslegen. Mandeln, Butter, Puder-Birkenzucker, Ei und Vanillemark miteinander verrühren. Die Schokolade grob hacken und unter den Teig rühren.

Mithilfe eines mit Wasser benetzten Esslöffels Teighäufchen auf das Backblech setzen und etwas flach streichen. Die Cookies 20–30 Minuten goldbraun backen, dann auf einem Kuchengitter auskühlen lassen.

TIPP

Die Mandeln können Sie natürlich auch ganz oder teilweise durch Hasel- oder andere Nüsse, z. B. Paranüsse, ersetzen.

Zarte

KOKOS-MAKRONEN

FÜR CA. 25 STÜCK

2 Eiweiß
1 Prise Salz
2 Tl Zitronensaft
100 g Puder-Birkenzucker
130 g Kokosraspel

Zubereitungszeit:
ca. 20 Minuten (plus Backzeit)
Pro Stück ca. 44 kcal/186 kJ
1 g E, 3 g F, 0 g KH
(plus 4 g Birkenzucker)

Den Backofen auf 175 °C vorheizen. Ein Backblech mit Backpapier auslegen. Das Eiweiß mit Salz und Zitronensaft sehr steif schlagen. Den Puder-Birkenzucker einrieseln lassen und weiterquirlen, bis die Masse cremig glänzt und schöne Spitzen zieht. Zum Schluss die Kokosraspel vorsichtig unterheben.

Die Masse in einen großen Spritzbeutel mit Lochtülle füllen und kleine Häufchen auf das Backblech spritzen. Die Makronen ca. 17 Minuten backen, bis sie zart gebräunt sind. Auf dem Blech abkühlen lassen.

TIPP

Die Makronen schmecken auch sehr aromatisch, wenn Sie die Kokosraspel vorher kurz in einer Pfanne ohne Fettzugabe anrösten!

LEBKUCHEN-KÜSSCHEN

mit Rosenwasser

FÜR CA. 25 STÜCK

Für die Plätzchen:
50 g Mandelmehl
1 Tl Weinstein-Backpulver
2 Tl Lebkuchengewürz
125 g gemahlene Haselnüsse
75 g Puder-Birkenzucker
50 g Mandelmus
1 Tl Rosenwasser
3 Tropfen Bittermandel-Aroma
1 Ei
1 Eiweiß
1 Prise Salz
ca. 25 Haselnüsse

Für die Verzierung:
ca. 50 g dunkle Schokolade (90 % Kakaoanteil) oder Low-Carb-Schokolade
1 Tl Kokosöl

Zubereitungszeit:
ca. 20 Minuten (plus Backzeit)
Pro Stück ca. 94 kcal/392 kJ
3 g E, 8 g F, 2 g KH
(plus 3 g Birkenzucker)

Den Backofen auf 160 °C vorheizen. Ein Backblech mit Backpapier auslegen. Mandelmehl, Backpulver, Lebkuchengewürz und gemahlene Haselnüsse in einer Schüssel mischen. Den Puder-Birkenzucker mit dem Mandelmus in einer zweiten Schüssel verquirlen. Rosenwasser und Bittermandel-Aroma unterrühren. Dann das Ei hinzugeben und gut unterrühren. Diese Mischung mit der Nussmischung verrühren.

Das Eiweiß mit dem Salz steif schlagen. Erst die Hälfte unter die Nussmischung rühren, dann den Rest. Mit einem Teelöffel Nocken abnehmen und diese mit den Händen zu Kugeln rollen. Leicht flach drücken und auf dem Blech verteilen. In jedes Teighäufchen 1 Haselnuss drücken. Die Küsschen etwa 15 Minuten backen, dann herausnehmen und auf dem Backblech vollständig auskühlen lassen.

Zum Verzieren die Schokolade hacken und zusammen mit dem Kokosöl im heißen Wasserbad schmelzen. In einen Gefrierbeutel füllen und unten eine sehr kleine Spitze abschneiden. Die Lebkuchen-Küsschen mithilfe des Spritzbeutels nach Belieben mit Schokofäden verzieren.

TÖRTCHEN & KÜCHLEIN

Kleines und Feines für die festliche Kaffeetafel

TIPP

Falls Sie Gläser mit Gummiringen und Klammern verwenden, legen Sie die Gummiringe vor dem Gebrauch ca. 5 Minuten in kochendes Essigwasser.

ADVENTS-KÜCHLEIN

im Glas

FÜR 5 STÜCK

40 g getrocknete Aprikosen
40 g getrocknete Pflaumen
3 El Armagnac
75 g gemahlene Mandeln
50 g Mandelmehl
30 g Mohn
30 g Kakao-Nibs
4 Eier
1 Prise Salz
75 g weiche Butter
50 g Puder-Birkenzucker
Mark von 1 Vanilleschote
Puder-Birkenzucker zum
Bestäuben
Butter für die Gläser

Zubereitungszeit:
ca. 30 Minuten
(plus Zeit zum Ziehen und Backzeit)
Pro Stück ca. 452 kcal/1890 kJ
15 g E, 34 g F, 11 g KH
(plus 12 g Birkenzucker)

Aprikosen und Pflaumen nicht zu fein hacken. Mit dem Armagnac in einer Schale mischen und abgedeckt ca. 3 Stunden ziehen lassen.

Backofen auf 180 °C vorheizen. 5 Gläser mit Deckel à 250 ml mit Butter einfetten. Gemahlene Mandeln und Mandelmehl in einer Schale mischen. Mohn im Blitzhacker fein mahlen und hinzugeben. Kakao-Nibs im Blitzhacker etwas zerkleinern, ebenfalls in die Schale geben.

Die Eier trennen. Eiweiß mit Salz steif schlagen und bis zur weiteren Verwendung kalt stellen. Die weiche Butter mit dem Puder-Birkenzucker gründlich verquirlen. Nach und nach das Eigelb hinzugeben und jedes Eigelb sorgfältig unterrühren, bevor das nächste hinzukommt. Das Vanillemark unterrühren. Die Mandel-Mischung und die Trockenfrüchte dazugeben und alles verrühren. Zum Schluss den Eischnee in 2 Portionen unterheben.

Den Teig auf die Gläser verteilen (die Gläser sollten maximal zu zwei Dritteln gefüllt sein), die Gläser mit dem Deckel verschließen und die Küchlein ca. 25 Minuten backen. Die Küchlein aus dem Ofen nehmen, die Deckel abnehmen (Achtung, sie sind sehr heiß!) und die Küchlein weitere 10 Minuten backen. Herausnehmen und vollständig auskühlen lassen. Mit Puder-Birkenzucker bestäuben.

BRATAPFEL-TÖRTCHEN

FÜR 8 STÜCK

Für den Teig:
150 g kalte Butter
175 g Mandelmehl
50 g gemahlene Mandeln
2 Eigelb
75 g Puder-Birkenzucker

Für den Belag:
2 El Rosinen
4 El Rum
800 g Äpfel
1 Tl Zimt
1 Tl abgeriebene Schale von 1 unbehandelten Zitrone
5 El Apfelsaft
½ Tl Johannisbrotkernmehl
200 ml Sahne
200 g Mascarpone
1 Vanilleschote
60 g Puder-Birkenzucker

Außerdem:
geröstete Mandelblättchen zum Bestreuen
Butter für die Förmchen

Zubereitungszeit:
ca. 40 Minuten (plus Kühlzeit, Backzeit und Zeit zum Auskühlen)
Pro Stück ca. 600 kcal/2514 kJ
9 g E, 49 g F, 20 g KH
(plus 17 g Birkenzucker)

Für den Teig die Butter in Würfel schneiden und zusammen mit allen anderen Zutaten in einer Schüssel glatt verkneten. Den Teig in Frischhaltefolie wickeln und ca. 2 Stunden kalt stellen.

In der Zwischenzeit die Rosinen in eine Schale geben und mit dem Rum beträufeln. Abgedeckt ziehen lassen. Die Äpfel schälen, vierteln und die Kerngehäuse entfernen. Das Fruchtfleisch in nicht zu kleine Stücke schneiden. Mit Zimt, Zitronenschale und 3 Esslöffeln Apfelsaft in einen Topf geben und ca. 10 Minuten dünsten. Das Johannisbrotkernmehl mit dem restlichen Apfelsaft glatt rühren, zur Apfelmischung geben und aufwallen lassen. Dann vom Herd ziehen, die Rum-Rosinen hineingeben und alles abkühlen lassen.

Den Backofen auf 180 °C vorheizen. 8 Tartelette-Förmchen à 10 cm Ø mit Butter einfetten. Den Teig zwischen zwei Lagen Backpapier dünn ausrollen und die Förmchen damit auslegen. Den Boden mit einer Gabel mehrfach einstechen, dann ca. 10 Minuten backen. Herausnehmen und vollständig abkühlen lassen.

Sahne mit Mascarpone in eine Schüssel geben und steif schlagen. Die Vanilleschote längs aufschneiden, das Mark herausschaben und mit dem Puder-Birkenzucker unter die Sahne quirlen. Die Creme auf den Tortenböden verteilen. Darauf die abgekühlte Apfelmischung geben. Die Törtchen mit gerösteten Mandelblättchen bestreuen und servieren.

WEIHNACHTS-MUFFINS

mit Vanillesahne

FÜR 12 STÜCK

Für den Teig:
50 g Walnüsse
12 Trockenpflaumen
4 Eier
1 Prise Salz
80 g Butter
80 g Puder-Erythrit
50 g gemahlene Mandeln
100 g Mandelmehl
1 Tl Weinstein-Backpulver
1 gehäufter Tl Johannisbrot-kernmehl
1 El Backkakao
1 gehäufter Tl Lebkuchengewürz

Für die Vanillesahne:
200 ml Sahne
Mark von 1 Vanilleschote

Außerdem:
Puder-Erythrit zum Bestäuben
Papierförmchen für das Muffinblech

Zubereitungszeit:
ca. 25 Minuten (plus Backzeit und Zeit zum Abkühlen)
Pro Stück ca. 245 kcal/1023 kJ
7 g E, 23 g F, 4 g KH

Den Backofen auf 180 °C vorheizen. Die Mulden eines Muffinblechs mit Papierförmchen auslegen. Die Walnüsse grob hacken. Die Trockenpflaumen vierteln.

Die Eier trennen. Eiweiß mit Salz steif schlagen und bis zur weiteren Verwendung kalt stellen. Die Butter zerlassen, dann leicht abkühlen lassen. Puder-Erythrit und Eigelb schaumig quirlen. Die Butter in dünnem Strahl hinzugießen, dabei ständig weiterquirlen. Die gemahlenen Mandeln mit Mandelmehl, Backpulver, Johannisbrotkernmehl, Kakaopulver und Lebkuchengewürz vermischen, zur Eigelb-Mischung geben und alles vermengen. Trockenpflaumen und Walnüsse unterrühren. Zum Schluss den Eischnee in zwei Portionen unterheben.

Den Teig auf die Mulden des Muffinblechs verteilen und die Muffins ca. 25 Minuten backen (in den letzten 10 Minuten der Backzeit eventuell mit Alufolie abdecken). Die Förmchen vorsichtig aus dem Blech heben und die Muffins auf einem Kuchengitter vollständig auskühlen lassen.

Für die Vanillesahne die Sahne steif schlagen, dann das Vanillemark darunterquirlen. Die Muffins mit Puder-Erythrit bestäuben und mit je 1 Klecks Vanillesahne servieren.

MINI-MANDEL-GUGELS

mit Kirschsauce

FÜR 8 STÜCK

Für den Teig:

3 Eier
100 g Puder-Erythrit
75 g zerlassene Butter
3 Tropfen Bittermandel-Aroma
125 g gemahlene Mandeln
50 g Mandelmehl
1 Tl Weinstein-Backpulver
2–3 El Milch

Für die Kirschsauce:

500 g ungezuckerte Sauerkirschen (TK)
100 g Puder-Birkenzucker
100 ml ungesüßter Kirschsaft
Schalenspirale von 1 unbehandelten Orange
1 Zimtstange
1 Sternanis
1 gehäufter Tl Johannisbrotkernmehl

Außerdem:

Puder-Birkenzucker zum Bestäuben
Butter für die Förmchen

Zubereitungszeit:
ca. 30 Minuten (plus Backzeit und Zeit zum Abkühlen)
Pro Stück ca. 304 kcal/1273 kJ
9 g E, 22 g F, 10 g KH
(plus 22 g Birkenzucker)

Den Backofen auf 170 °C vorheizen. Die Mulden von 8 Mini-Gugelhupfformen aus Silikon à ca. 8 cm Ø sorgfältig einfetten. Für den Teig Eier mit Puder-Erythrit ca. 5 Minuten dick-schaumig quirlen. Die Butter in dünnem Strahl hinzugießen, dabei immer weiterquirlen. Das Bittermandel-Aroma unterrühren. Gemahlene Mandeln mit Mandelmehl und Backpulver mischen. Unter die Eier-Masse rühren. So viel Milch hinzurühren, dass der Teig dick-cremig ist.

Den Teig auf die Förmchen verteilen. Die Gugels ca. 20 Minuten backen, dann herausnehmen und ca. 10 Minuten in den Förmchen ruhen lassen. Anschließend vorsichtig auf ein Kuchengitter stürzen, damit sie nicht brechen. Vollständig auskühlen lassen.

Für die Kirschsauce alle Zutaten bis auf das Johannisbrotkernmehl in einen Topf geben und aufkochen. Vom Herd ziehen und vollständig abkühlen lassen. Die Gewürze herausnehmen und das Johannisbrotkernmehl einrühren. Erneut auf den Herd stellen und einmal aufkochen lassen, bis die Sauce andickt. Vom Herd ziehen. Die Gugels mit Puder-Birkenzucker bestäuben und mit der Kirschsauce servieren.

TARTELETTES
mit Schokomousse

FÜR 12 STÜCK

Für das Schokomousse:
300 ml Sahne
150 g dunkle Schokolade (90 % Kakaoanteil) oder Low-Carb-Schokolade

Für den Teig:
100 g Mandelmehl
150 g gemahlene Mandeln
1 El Backkakao
80 g Puder-Birkenzucker
100 g weiche Butter
1 Ei

Außerdem:
Mandelmehl zum Bestäuben
12 Brombeeren zum Verzieren
1 Tl Backkakao und 1 Msp. Zimt zum Bestäuben
Butter für die Förmchen

Zubereitungszeit:
ca. 40 Minuten (plus Kühlzeit, Backzeit und Zeit zum Abkühlen)
Pro Stück ca. 350 kcal/1467 kJ
8 g E, 31 g F, 7 g KH
(plus 7 g Birkenzucker)

Für das Mousse die Sahne erhitzen. Die Schokolade fein hacken und in eine Schüssel geben. Die kochend heiße Sahne darübergießen, 5 Minuten stehen lassen, dann alles glatt rühren. Die Mischung auf Zimmertemperatur abkühlen lassen, dann mindestens 6 Stunden (oder über Nacht) kalt stellen.

Für den Teig alle Zutaten zu einem glatten Teig verkneten. In Folie wickeln und mindestens 2 Stunden kalt stellen.

Den Backofen auf 200 °C vorheizen. 12 Mini-Tartelette-Förmchen aus Silikon à 5,5 cm Ø (alternativ ein Mini-Tartelette-Blech aus Silikon) mit Butter einfetten. Den Teig mit Mandelmehl bestäuben und zwischen zwei Lagen Backpapier ausrollen. Die Förmchen damit auslegen. Die Böden jeweils mit einer Gabel mehrfach einstechen, dann ca. 10 Minuten backen (nach 5 Minuten mit Alufolie abdecken). Die Tartelettes herausnehmen und im Blech vollständig auskühlen lassen. Erst dann vorsichtig herausheben.

Die Schoko-Sahne ca. 7 Minuten aufschlagen, bis sie steif ist. In einen Spritzbeutel mit Sterntülle füllen und die Creme dekorativ auf die Tartelettes spritzen. Auf jedes Törtchen 1 Brombeere setzen. Backkakao und Zimt verrühren und ganz dünn über die Tartelettes stäuben. Die Tartelettes bis zum Servieren kalt stellen.

XMAS-CAKE-POPS

FÜR CA. 30 STÜCK

Für den Teig:
70 g Butter, 2 Eier
1 Prise Salz
100 g Puder-Erythrit
60 g Mandelmehl
60 g gemahlene Haselnüsse
2 Tl Weinstein-Backpulver
1 Tl Glühwein-Gewürz
5 Tropfen Rum-Aroma
5 El Rotwein

Für das Frosting:
75 g weiche Butter
100 g Puder-Erythrit
1 El Rum
140 g Frischkäse

Für die Verzierung:
200 g dunkle Schokolade (90 % Kakaoanteil) oder Low-Carb-Schokolade
1 El Kokosöl
geröstete gehackte Haselnüsse, geröstete Mandelblättchen und Kokosraspel

Außerdem:
ca. 30 Cake-Pop-Sticks
Butter für die Form

Zubereitungszeit:
ca. 50 Minuten (plus Backzeit, Zeit zum Auskühlen und Kühlzeit)
Pro Stück ca. 120 kcal/503 kJ
2 g E, 11 g F, 4 g KH

Den Backofen auf 160 °C vorheizen. Eine Kastenform (15 cm Länge) mit Butter einfetten. Für den Teig die Butter zerlassen, dann etwas abkühlen lassen. Die Eier trennen. Eiweiß mit Salz steif schlagen. Eigelb mit Puder-Erythrit in einer zweiten Schüssel ca. 5 Minuten verquirlen. Die Butter in dünnem Strahl dazuquirlen. Mandelmehl, Haselnüsse, Backpulver und Glühwein-Gewürz mischen. Mit Rum-Aroma und Rotwein zur Eigelb-Mischung geben und alles verrühren. Den Eischnee in 2 Portionen unterheben. Den Teig sofort in die Form füllen, glatt streichen und ca. 35 Minuten backen. Herausnehmen, ca. 5 Minuten in der Form ruhen lassen, dann auf ein Kuchengitter stürzen und vollständig auskühlen lassen.

Den Kuchen in eine Schüssel geben und mit den Händen zerbröseln. In einer zweiten Schüssel für das Frosting Butter und Puder-Erythrit verquirlen. Den Rum hinzuquirlen. Dann diese Mischung zu den Kuchenbröseln geben und alles gründlich verkneten. Den Frischkäse nach und nach hinzukneten. Dabei so viel hinzugeben, bis die Masse gut formbar ist, aber nicht klebt. Ca. 30 Kugeln rollen und diese ca. 1 Stunde kalt stellen.

Für die Verzierung die Schokolade hacken und mit dem Kokosöl im heißen Wasserbad unter Rühren zerlassen. Die Cake-Pop-Sticks ca. 2 cm tief in die Schokolade tauchen und anschließend in die Teigkugeln stecken. Die Kugeln ca. 20 Minuten ins Tiefkühlfach stellen, dann kopfüber in die restliche flüssige Schokolade tauchen. Anschließend nach Belieben in Haselnüssen, Mandelblättchen und Kokosraspeln wälzen. Die Cake Pops in ein Glas stellen und trocknen lassen. Bis zum Servieren im Kühlschrank aufbewahren.

TIPP

Verzieren Sie die Stiele mit weihnachtlichen Bändern – so sehen die Cake Pops besonders festlich aus!

LEBKUCHEN-KÜCHLEIN
im Glas

FÜR 4 STÜCK

Für den Teig:
100 g gemahlene Mandeln
50 g Mandelmehl
2 Tl Lebkuchengewürz
2 Tl Weinstein-Backpulver
75 g dunkle Schokolade (90 % Kakaoanteil) oder Low-Carb-Schokolade
75 g Butter
3 Eier
1 Prise Salz
50 g Puder-Birkenzucker

Außerdem:
Puder-Birkenzucker zum Verzieren
Butter für die Gläser

Zubereitungszeit:
ca. 30 Minuten (plus Zeit zum Ziehen und Backzeit)
Pro Stück ca. 547 kcal/2288 kJ
16 g E, 46 g F, 11 g KH
(plus 13 g Birkenzucker)

Backofen auf 180 °C vorheizen. 4 Gläser mit Deckel à 220 ml mit Butter einfetten. Gemahlene Mandeln mit Mandelmehl, Lebkuchengewürz und Backpulver in einer Schüssel mischen. Die Schokolade hacken und mit der Butter in Stücken im heißen Wasserbad zerlassen. Dann herausnehmen und leicht abkühlen lassen.

Die Eier trennen. Eiweiß mit Salz steif schlagen. Eigelb mit Puder-Birkenzucker verquirlen. Die Butter-Schoko-Mischung in dünnem Strahl dazugießen und dabei ständig quirlen. Die Mandel-Mischung hineinrühren, dann den Eischnee in 2 Portionen glatt unterheben.

Den Teig in die Gläser füllen (sodass diese maximal zu zwei Dritteln gefüllt sind), die Gläser verschließen und die Küchlein etwa 25 Minuten backen. Die Küchlein herausnehmen, die Deckel abnehmen (Achtung, sie sind sehr heiß!) und die Küchlein weitere 10 Minuten backen. Herausnehmen und vollständig auskühlen lassen. Nach Belieben mit Puder-Birkenzucker verzieren.

TIPP

Falls Sie Gläser mit Gummiringen und Klammern verwenden, legen Sie die Gummiringe ca. 5 Minuten in kochendes Essigwasser.

Verführerische ZIMT-BROWNIES

FÜR 14 STÜCK

(Backform ca. 20 x 20 cm)

Für den Teig:
100 g dunkle Schokolade (90 % Kakaoanteil) oder Low-Carb-Schokolade
100 g Kokosöl
3 Eier
100 g Puder-Birkenzucker
100 g gemahlene Mandeln
2 Tl Zimt
1 El Backkakao

Für die Verzierung:
100 g dunkle Schokolade (90 % Kakaoanteil) oder Low-Carb-Schokolade
50 ml Sahne

Zubereitungszeit:
ca. 40 Minuten (plus Backzeit und Zeit zum Auskühlen)
Pro Stück ca. 224 kcal/939 kJ
5 g E, 18 g F, 8 g KH
(plus 7 g Birkenzucker)

Den Backofen auf 175 °C vorheizen. Die Backform mit Backpapier auslegen. Die Schokolade hacken und mit dem Kokosöl im heißen Wasserbad zerlassen. Dann herausnehmen und leicht abkühlen lassen.

Eier mit Puder-Birkenzucker ca. 5 Minuten schaumig quirlen. In dünnem Strahl die Schokolade hinzuquirlen. Mandeln mit Zimt und Kakaopulver vermischen, dazugeben und unterrühren. Den Teig in der Backform verteilen, glatt streichen und ca. 20 Minuten backen. Herausnehmen und vollständig auskühlen lassen.

Für die Verzierung die Schokolade hacken. Mit der Sahne im heißen Wasserbad unter Rühren zerlassen. Die Kuchendecke damit bestreichen. Trocknen lassen, dann in Würfel schneiden.

ORANGEN-CUPCAKES

mit Spekulatius-Topping

FÜR 12 STÜCK

Für den Teig:
50 g Butter
1 unbehandelte Orange
75 g gemahlene Mandeln
75 g Mandelmehl
1 Tl Weinstein-Backpulver
½ Tl Zimt
3 Eier
100 g Puder-Erythrit

Für das Topping:
150 ml Sahne
100 g Frischkäse
100 g Mascarpone
120 g Puder-Erythrit
2 Tl Spekulatiusgewürz

Außerdem:
30 g gehackte Mandeln zum Bestreuen
12 Muffin-Papierförmchen

Zubereitungszeit:
ca. 35 Minuten
(plus Backzeit und Kühlzeit)
Pro Stück ca. 240 kcal/1004 kJ
7 g E, 23 g F, 2 g KH

Den Backofen auf 180 °C vorheizen. Ein Muffinblech mit Papierförmchen auslegen. Für den Teig die Butter zerlassen, dann vom Herd ziehen. Die Orange heiß waschen und trocken reiben. 2 Teelöffel Schale abreiben, 2 Esslöffel Saft auspressen. Gemahlene Mandeln, Mandelmehl, Backpulver und Zimt vermischen.

Die Eier mit dem Puder-Erythrit ca. 5 Minuten verquirlen. Die gerade noch flüssige Butter dazuquirlen, dann Orangenschale, Orangensaft und die Mandelmehl-Mischung hinzugeben. Alles glatt verrühren, dann den Teig auf die Muffinförmchen verteilen. Die Küchlein ca. 16 Minuten backen. Anschließend kurz im Blech ruhen lassen, dann vorsichtig herausheben und auf einem Kuchengitter vollständig auskühlen lassen.

Für das Topping die Sahne steif schlagen. Frischkäse, Mascarpone, Puder-Erythrit und Spekulatiusgewürz ca. 5 Minuten verquirlen. Die Sahne unterheben. Die Creme in einen Spritzbeutel mit glatter Lochtülle füllen und ca. 1 Stunde kalt stellen.

Die Mandeln in einer Pfanne ohne Fettzugabe goldgelb rösten, dann abkühlen lassen. Die Creme dekorativ auf die Küchlein spritzen und mit den gerösteten Mandeln bestreuen. Bis zum Servieren kalt stellen.

MINI-SCHOKO-GUGELS
mit Blaubeersauce

FÜR 8 STÜCK

Für die Gugels:
50 g Mandelmehl
50 g gemahlene Mandeln
2 Tl Backpulver
1 Msp. Zimt
2 Tl Backkakao
60 g weiche Butter
50 g Puder-Birkenzucker
2 Eier
50 ml Sahne

Für die Sauce:
400 g Blaubeeren (TK)
80 g Puder-Birkenzucker
80 ml Rotwein
1 Zimtstange
1 Sternanis
1 gehäufter Tl Johannisbrot-kernmehl

Außerdem:
Puder-Birkenzucker zum Bestäuben
Butter für die Förmchen

Zubereitungszeit:
ca. 30 Minuten (plus Backzeit und Zeit zum Auskühlen)
Pro Stück ca. 238 kcal/997 kJ
6 g E, 17 g F, 5 g KH
(plus 16 g Birkenzucker)

Den Backofen auf 180 °C vorheizen. Die Mulden von 8 Mini-Gugelhupfformen aus Silikon à ca. 8 cm Ø sorgfältig einfetten. Mandelmehl, gemahlene Mandeln, Backpulver, Zimt und Kakaopulver vermischen. Die Butter mit dem Puder-Birkenzucker schaumig quirlen. Die Eier nacheinander hinzugeben und jeweils ca. 3 Minuten unterquirlen. Die Mandel-Mischung und die Sahne dazugeben und alles gut verquirlen.

Den Teig auf die Förmchen verteilen und ca. 20 Minuten backen. Anschließend ca. 10 Minuten in den Förmchen ruhen lassen, dann vorsichtig herausstürzen. Auf einem Kuchengitter vollständig auskühlen lassen.

Für die Blaubeersauce alle Zutaten bis auf das Johannisbrotkernmehl in einen Topf geben und aufkochen. Vom Herd ziehen und vollständig abkühlen lassen. Die Gewürze herausfischen und das Johannisbrotkernmehl einrühren. Erneut auf den Herd stellen und einmal aufkochen lassen, bis die Sauce andickt. Vom Herd ziehen. Die Blaubeersauce als Spiegel auf den Tellern verteilen. Die Küchlein darauf platzieren, dünn mit Puder-Birkenzucker bestäuben und servieren.

KUCHEN & TORTEN

Himmlisches Gebäck für das Fest der Liebe

SCHOKO-SAHNETORTE

FÜR 16 STÜCKE

(Springform 26 cm Ø)

Für den Boden:

125 g dunkle Schokolade
(90 % Kakaoanteil)
125 g Butter
100 g Puder-Erythrit
4 zimmerwarme Eier (Größe L)
100 g gemahlene Walnüsse
1 Tl Weinstein-Backpulver
1 Tl Johannisbrotkernmehl
1 Tl Glühweingewürz
2 El Rum

Für den Fruchtspiegel:

500 g Zwetschgen
½ Tl Zimt, 50 g Erythrit
1 Tl Johannisbrotkernmehl

Für die Creme:

4 Blatt Gelatine
200 g dunkle Schokolade
(90 % Kakaoanteil)
400 ml Sahne
200 g Mascarpone
75 g Puder-Erythrit

Für die Verzierung:

Low-Carb-Schokospäne

Zubereitungszeit:
ca. 45 Minuten (plus Backzeit, Zeit zum Auskühlen und Kühlzeit)
Pro Stück ca. 363 kcal/1518 kJ
6 g E, 32 g F, 14 g KH

Den Backofen auf 175 °C vorheizen. Die Springform mit Backpapier auslegen. Für den Boden die Schokolade hacken und mit der Butter in Stücken und dem Puder-Erythrit im heißen Wasserbad zerlassen. Unter Rühren etwas abkühlen lassen.

Die Eier nach und nach in die Schokoladenmischung rühren. Walnüsse mit Backpulver, Johannisbrotkernmehl und Glühweingewürz vermischen. Zur Schokoladenmasse rühren und den Rum unterziehen. Den Teig in die Form füllen, glatt streichen und ca. 20 Minuten backen. Herausnehmen und in der Form vollständig auskühlen lassen. Dann aus der Form lösen, auf eine Tortenplatte stürzen und einen Tortenring darumstellen.

Für den Fruchtspiegel die entsteinten Zwetschgen mit allen anderen Zutaten pürieren. In einen Topf geben und unter Rühren aufkochen lassen. Dann vom Herd ziehen.

Für die Creme die Gelatine nach Packungsanweisung in kaltem Wasser einweichen. Die Schokolade hacken, mit 100 ml Sahne in eine Schüssel geben und im heißen Wasserbad schmelzen, dann aus dem Wasserbad nehmen. Die restliche Sahne mit dem Mascarpone steif schlagen und den Puder-Erythrit unterrühren. Die Gelatine ausdrücken und in der warmen Schokomasse zerlassen. Dann 4 Esslöffel Sahne-Creme zur Schokomasse rühren. Diese fast kalte Mischung unter die restliche Sahne-Creme rühren. Die Creme auf dem Boden verteilen.

Die Zwetschgenmasse in Klecksen auf der Creme verteilen und jeden einzelnen Klecks mit einer Gabel zu einem Swirl verrühren. Die Torte mit Folie abgedeckt mindestens 5 Stunden kalt stellen. Vor dem Servieren den Tortenring entfernen und die Tortenoberfläche üppig mit Schokospänen verzieren.

MOHN-SCHNITTEN

FÜR CA. 30 STÜCKE

Für die Mohnmasse:
150 ml Milch
150 ml Kochsahne
60 g Butter
150 g Puder-Birkenzucker
350 g gemahlener Mohn
1 El Pfeilwurzmehl
1 Tl Zimt
250 g Magerquark
50 g Kokosmehl
4 Eier

Für die Frischkäsemasse:
2 Eier, 1 Prise Salz
2 Eigelb
800 g Frischkäse
250 g Magerquark
150 ml Sahne
3 El Pfeilwurzmehl
200 g Puder-Birkenzucker
2 El Zitronensaft
2 Tl abgeriebene Schale von
  1 unbehandelten Orange
1 Tl Vanillepulver

Außerdem:
Puder-Birkenzucker zum Bestäuben
Butter für den Backrahmen

Zubereitungszeit:
ca. 25 Minuten (plus Zeit zum Abkühlen und Backzeit)
Pro Stück ca. 268 kcal/1120 kJ
10 g E, 21 g F, 2 g KH
(plus 12 g Birkenzucker)

Den Backofen auf 180 °C vorheizen. Ein tiefes Backblech mit Backpapier auslegen. Einen gebutterten Backrahmen darumstellen. Für die Mohnmasse Milch, Kochsahne, Butter und Puder-Birkenzucker unter Rühren aufkochen. Mohn mit Pfeilwurzmehl und Zimt verrühren. In die kochende Sahne-Mischung geben, einmal aufwallen lassen. Leicht abkühlen lassen. Quark mit Kokosmehl und Eiern verquirlen und mit der Mohnmasse vermengen. Die Masse auf dem Blech verteilen und glatt streichen.

Für die Frischkäsemasse die Eier trennen. Eiweiß mit Salz steif schlagen. Alle 4 Eigelb mit Frischkäse, Quark, Sahne, Pfeilwurzmehl, Puder-Birkenzucker, Zitronensaft, Orangenschale und Vanillepulver verquirlen. Den Eischnee unterheben. Die Frischkäsecreme auf der Mohnmasse verteilen.

Den Kuchen ca. 35 Minuten backen. Herausnehmen, kurz ruhen lassen, dann den Backrahmen entfernen. Alles vollständig auskühlen lassen, dann in Schnitten schneiden und mit Puder-Birkenzucker bestäubt servieren.

WEIHNACHTS-CRUMBLE

mit Kirschen

FÜR CA. 12 PORTIONEN

(Tarteform 28 cm Ø)

Für den Crumble:

750 g ungezuckerte Sauerkirschen (TK)
150 g Puder-Birkenzucker
1 Msp. Spekulatiusgewürz
1 Tl Johannisbrotkernmehl
150 g Mandelmehl
175 g kalte Butter
1 Tl Zimt
1 Eigelb

Für die Vanillesauce:

1 Vanilleschote
300 ml Kochsahne
60 g Puder-Birkenzucker
4 Eigelb

Außerdem:

Butter für die Form

Zubereitungszeit:
ca. 20 Minuten (plus Zeit zum Auftauen und Backzeit)
Pro Portion ca. 364 kcal/1526 kJ
6 g E, 30 g F, 7 g KH
(plus 18 g Birkenzucker)

Die Sauerkirschen mit 75 g Puder-Birkenzucker, Spekulatiusgewürz und Johannisbrotkernmehl in eine Schüssel geben. Gut umrühren und die Kirschen abgedeckt auftauen lassen.

Den Backofen auf 175 °C vorheizen. Die Tarteform mit Butter einfetten. Mandelmehl, Butter, Zimt, restlichen Puder-Birkenzucker und Eigelb zu Streuseln verkneten. Die Kirschen in der Form verteilen und die Streusel darübergeben. Den Crumble etwa 40 Minuten backen, bis die Streusel goldbraun sind.

In der Zwischenzeit für die Vanillesauce die Vanilleschote längs aufschneiden, das Mark herausschaben und beides zusammen mit der Kochsahne und dem Puder-Birkenzucker einmal aufkochen. Dann vom Herd ziehen und etwas abkühlen lassen. Die Schote herausnehmen.

Das Eigelb im heißen Wasserbad verquirlen und die Sahnemischung hinzugießen, dabei immer weiterquirlen. Die Sauce so lange im heißen Wasserbad verrühren, bis das Eigelb beginnt, die Sauce zu binden. Den Crumble mit der Vanillesauce servieren.

GEWÜRZKUCHEN

mit feiner Orangennote

FÜR CA. 20 STÜCKE

(Gugelhupfform 2 l Inhalt)

100 g Rosinen
5 cl Apfelsaft
125 g gemahlene Mandeln
125 g Mandelmehl
1 P. Weinstein-Backpulver
2 El Backkakao
1 El Lebkuchengewürz
½ Tl Zimt
175 g weiche Butter
150 g Puder-Birkenzucker
6 zimmerwarme Eier
5 El Milch
8 Tropfen Orangen-Aroma
5 El Mandelstifte
Puder-Birkenzucker zum Bestäuben
Butter für die Form

Zubereitungszeit:
ca. 30 Minuten
(plus Einweichzeit und Backzeit)
Pro Stück ca. 215 kcal/902 kJ
6 g E, 17 g F, 5 g KH
(plus 8 g Birkenzucker)

Die Rosinen in eine Schale geben, mit dem Apfelsaft begießen und abgedeckt 1 Stunde ziehen lassen.

Den Backofen auf 180 °C vorheizen. Die Gugelhupfform sorgfältig einfetten. Gemahlene Mandeln mit Mandelmehl, Backpulver, Kakaopulver, Lebkuchengewürz und Zimt in einer Schüssel gründlich mischen. Die Butter mit dem Puder-Birkenzucker in eine Schüssel geben und ca. 10 Minuten schaumig schlagen. Die Eier einzeln hinzugeben und jeweils sehr gründlich verquirlen. Die Mandelmehl-Mischung mit Milch und Orangen-Aroma dazugeben und alles verrühren. Zum Schluss die Rosinen und die Mandelstifte unterheben.

Den Teig in die Form füllen, glatt streichen und ca. 45 Minuten backen, dabei gegen Ende der Backzeit mit Alufolie abdecken, damit der Kuchen nicht zu braun wird. Den Kuchen herausnehmen und ca. 10 Minuten in der Form ruhen lassen. Dann auf eine Kuchenplatte stürzen und vollständig auskühlen lassen. Mit Puder-Birkenzucker bestäubt servieren.

TIPP

Wenn keine Kinder mitessen, können Sie die Rosinen auch in Rum einweichen.

LEBKUCHEN-SCHNITTEN

FÜR CA. 30 STÜCKE

Für den Teig:
100 g getrocknete Cranberrys
1 unbehandelte Orange
6 Eier
2 Prisen Salz
200 g Puder-Birkenzucker
175 g zimmerwarme Butter
3 El Lebkuchengewürz
2 gehäufte El Backkakao
1 P. Weinstein-Backpulver
200 g Mandelmehl
200 g gemahlene Mandeln
200 g gemahlene Haselnüsse
200 g gehackte Walnüsse
100 ml Milch

Für die Verzierung:
200 g dunkle Schokolade (90 % Kakaoanteil) oder Low-Carb-Schokolade
200 ml Sahne
100 g geröstete gehackte Mandeln zum Bestreuen

Außerdem:
Butter für den Backrahmen

Zubereitungszeit:
ca. 1 Stunde (plus Backzeit und Zeit zum Abkühlen)
Pro Stück ca. 286 kcal/1199 kJ
8 g E, 25 g F, 5 g KH
(plus 7 g Birkenzucker)

Den Backofen auf 175 °C vorheizen. Ein Backblech mit Backpapier auslegen und einen gebutterten Backrahmen darumstellen. Die Cranberrys grob hacken. Die Orange heiß waschen, trocken reiben und 2 Teelöffel Schale dünn abreiben. Die Eier trennen. Eiweiß mit Salz steif schlagen. Den Puder-Birkenzucker hinzugeben und so lange weiterschlagen, bis die Masse schön glänzt und Spitzen stehen bleiben. Die Butter schaumig quirlen. Eigelb nach und nach darunterquirlen. Alle trockenen Zutaten in einer Schüssel mischen. Mit der Milch, der Orangenschale und den Cranberrys unter die Eigelbmasse rühren. Zum Schluss den Eischnee in 3 Portionen unterheben.

Den Teig auf dem Backblech verteilen, glatt streichen und ca. 50 Minuten backen, dabei den Kuchen gegen Ende der Backzeit mit Alufolie abdecken, damit er nicht zu dunkel wird. Den Kuchen herausnehmen und auf dem Blech vollständig auskühlen lassen. Anschließend vorsichtig den Backrahmen entfernen.

Zum Verzieren die Schokolade hacken und in eine Schale geben. Die Sahne unter Rühren aufkochen. Über die Schokolade gießen, etwa 5 Minuten stehen lassen, dann alles glatt rühren. Die Ganache auf den Kuchen geben und glatt verstreichen. Sofort mit gehackten Mandeln bestreuen. Alles trocknen lassen, dann in ca. 30 Stücke schneiden.

MOHNKUCHEN
mit Streuseln

FÜR 16 STÜCKE
(Springform 26 cm Ø)

Für den Teig:
125 g Butter
200 g Mandelmehl
1 Ei
75 g Puder-Birkenzucker

Für die Streusel:
150 g Mandelmehl
1 Tl Weinstein-Backpulver
1 Tl Zimtpulver
175 g Butter
75 g Puder-Birkenzucker

Für die Mohnmasse:
100 ml Milch
50 g Butter
1 Tl abgeriebene Schale von 1 unbehandelten Zitrone
50 g Puder-Birkenzucker
175 g gemahlener Mohn
4 Eier

Außerdem:
Puder-Birkenzucker zum Bestäuben
Butter für die Form

Zubereitungszeit:
ca. 50 Minuten (plus Kühlzeit, Zeit zum Abkühlen und Backzeit)
Pro Stück ca. 409 kcal/1710 kJ
11 g E, 37 g F, 2 g KH
(plus 13 g Birkenzucker)

Für den Teig alle Zutaten miteinander glatt verkneten. Zur Kugel rollen, in Folie wickeln und ca. 2 Stunden kalt stellen. Für die Streusel ebenfalls alle Zutaten miteinander glatt verkneten, zur Kugel rollen und bis zur weiteren Verwendung kalt stellen.

Den Backofen auf 175 °C vorheizen. Die Springform mit Butter einfetten. Für die Mohnmasse die Milch mit Butter, Zitronenschale und Puder-Birkenzucker aufkochen. Den Mohn unterrühren, alles einmal aufwallen lassen, dann vom Herd nehmen und die Masse lauwarm abkühlen lassen. Die Eier trennen. Das Eigelb unter die lauwarme Mohnmasse rühren. Das Eiweiß steif schlagen und unterheben.

Den Teig für den Boden zwischen zwei Lagen Backpapier etwas größer als die Springform ausrollen. Die Form damit auslegen und einen kleinen Rand formen. Die Mohnmasse hineingeben und glatt streichen. Den Kuchen ca. 30 Minuten backen. Nach 7 Minuten Backzeit den Streuselteig darüberkrümeln.

Den Kuchen herausnehmen und in der Form vollständig auskühlen lassen. Anschließend vorsichtig den Rand lösen, den Kuchen auf eine Tortenplatte geben und mit Puder-Birkenzucker bestäubt servieren.

BRATAPFEL-TARTE

mit Rosenwasser

FÜR 14 STÜCKE

(Springform 26 cm Ø)

Für die Tarte:

3 El Rosinen
3 El Traubensaft
4 Äpfel (z. B. Boskop)
1 Tl Zitronensaft
120 g Birkenzucker
2 El Apfelsaft
1 Tl Zimt
1 Tl Johannisbrotkernmehl
50 g Butter
2 Tl Vanilleextrakt
3 Eier
150 g gemahlene Mandeln
150 g Crème double
1 El Rosenwasser
5 Tropfen Bittermandel-Aroma
4 Yufka- oder Filoteigblätter

Außerdem:

geröstete Mandelblättchen zum Bestreuen
Puder-Birkenzucker zum Bestäuben
Butter für die Form

Zubereitungszeit:
ca. 40 Minuten (plus Zeit zum Abkühlen und Backzeit)
Pro Stück ca. 203 kcal/851 kJ
5 g E, 12 g F, 12 g KH
(plus 9 g Birkenzucker)

Die Rosinen in einer Schale mit dem Traubensaft mischen und ca. 30 Minuten ziehen lassen. Die Äpfel schälen, vierteln, die Kerngehäuse entfernen und das Fruchtfleisch in nicht zu dünne Spalten schneiden. Mit dem Zitronensaft mischen, dann mit 2 Esslöffeln Birkenzucker, dem Apfelsaft und dem Zimt in einen Topf geben, erhitzen und ca. 5 Minuten dünsten. Das Johannisbrotkernmehl mit wenig kaltem Wasser anrühren, zu den Apfelspalten geben, alles einmal aufwallen lassen, dann vom Herd nehmen und abkühlen lassen.

Den Backofen auf 180 °C vorheizen. Die Springform einfetten und mit Backpapier auslegen. Die Butter zerlassen. Die Hälfte der zerlassenen Butter mit Vanilleextrakt, Eiern, restlichem Birkenzucker, gemahlenen Mandeln, Crème double, Rosenwasser und Bittermandel-Aroma in eine Schüssel geben und verquirlen.

Den Boden der Springform mit Teigblättern auslegen. Die restliche Butter daraufpinseln. Die Mandelcreme darauf verteilen, dann die eingeweichten Rosinen daraufstreuen. Die Apfelspalten kreisrund darauf anordnen. Die Tarte ca. 30 Minuten backen, dann vorsichtig den Springformrand entfernen und die Tarte auf einem Kuchengitter vollständig auskühlen lassen. Die Tarte mit gerösteten Mandelblättchen bestreuen und mit Puder-Birkenzucker bestäuben.

PAVLOVA

mit Zimt-Kirsch-Füllung

FÜR 16 STÜCKE

(Springform 26 cm Ø)

Für den Baiser:
4 Eiweiß
1 Prise Salz
1 El Zitronensaft
200 g Puder-Erythrit

Für die Creme:
200 g ungezuckerte Kirschen (TK)
200 g Low-Carb-Kirschmarmelade
50 g dunkle Schokolade
500 ml Sahne
400 g Quark
200 g Puder-Erythrit
1 Tl Zimt

Außerdem:
Kokosraspel zum Bestreuen

Zubereitungszeit:
ca. 40 Minuten (plus Backzeit, Zeit zum Abkühlen und Kühlzeit)
Pro Stück ca. 156 kcal/653 kJ
6 g E, 11 g F, 8 g KH

Den Backofen auf 90 °C vorheizen. Ein Backblech mit Backpapier auslegen und den Umriss einer Springform darauf nachzeichnen. Für den Baiser Eiweiß mit Salz und Zitronensaft steif schlagen. Puder-Erythrit unterrühren und so lange weiterschlagen, bis die Masse wieder ganz steif ist. Die Baiser-Masse in einen Spritzbeutel mit Lochtülle füllen und mit ¾ der Masse den aufgezeichneten Springform-Umriss füllen. Dabei auch an den Rändern dekorative Tupfen setzen. Die restliche Masse in dicken Tupfen auf dem Blech verteilen. Etwa 2 Stunden im Ofen trocknen lassen, dabei einen Kochlöffel in die Ofentür klemmen, damit die Feuchtigkeit entweichen kann. Herausnehmen und auf einem Kuchengitter vollständig auskühlen lassen.

Für die Creme die Kirschen auftauen lassen. Die Kirschmarmelade pürieren, dann die Kirschen unterrühren. Die Schokolade raspeln. Die Sahne steif schlagen. Quark mit Puder-Erythrit und Zimt verquirlen. Die mitgebackenen Baiser-Tuffs grob zerteilen. Mit den Schokoraspeln unter den Quark heben. Die Sahne unterheben.

Die Creme auf dem Baiserboden verteilen. Dann in Klecksen die Kirsch-Mischung daraufgeben und leicht unterheben. Zum Schluss alles mit Kokosraspeln bestreuen und sofort servieren, da der Boden schnell aufweicht.

QUARKSTOLLEN
mit Aprikosen

FÜR 30 SCHEIBEN
(Stollenform 30 cm)

Für den Stollen:
75 g Rosinen
1 El Rum
75 g getrocknete Soft-Aprikosen
200 g Butter
250 g Magerquark
4 Eier
200 g Puder-Birkenzucker
300 g gemahlene Mandeln
200 g Mandelmehl
1 ½ Tl Pfeilwurzmehl
1 P. Weinstein-Backpulver
1 Tl Spekulatius-Gewürz
je 2 Tl abgeriebene Schale von
1 unbehandelten Zitrone
und Orange
200 g Mandelstifte

Außerdem:
Puder-Birkenzucker zum Bestäuben
Butter für die Form

Zubereitungszeit:
ca. 25 Minuten
(plus Zeit zum Ziehen und Backzeit)
Pro Scheibe ca. 236 kcal/989 kJ
8 g E, 19 g F, 4 g KH
(plus 7 g Birkenzucker)

Die Rosinen mit Rum beträufeln und abgedeckt mindestens 2 Stunden ziehen lassen. Die Aprikosen in kleine Stücke schneiden.

Den Backofen auf 180 °C vorheizen. Die Stollenform sorgfältig mit Butter einfetten. Die Butter zerlassen, dann vom Herd nehmen. Magerquark mit Eiern und Puder-Birkenzucker schaumig quirlen. Die zerlassene Butter in dünnem Strahl dazuquirlen. Gemahlene Mandeln mit Mandel- und Pfeilwurzmehl, Backpulver und Spekulatius-Gewürz vermischen. Mit den abgeriebenen Zitrusschalen unter die Quark-Mischung rühren. Zum Schluss Mandelstifte, Aprikosenstücke und Rum-Rosinen unterheben.

Den Teig in die Form füllen und ca. 45 Minuten backen. Gegen Ende der Backzeit eventuell mit Alufolie abdecken. Den Stollen in der Form abkühlen lassen, dann vorsichtig auf eine Kuchenplatte stürzen. Mit Puder-Birkenzucker bestäuben, mit Folie abdecken und ca. 2 Tage ziehen lassen.

REZEPTVERZEICHNIS